Hanns U. Christen

Im Kochtopf quer durchs Mittelmeer

Südliche Ferienküche

Mit 4 Farbfotos

Albert Müller Verlag
Rüschlikon-Zürich
Stuttgart · Wien

Inhalt

Der süße Duft des Mittelmeers 11

Wichtige Winke 23

Spanien 29
Ich versprach dir, einmal spanisch zu kochen... 29
Rezepte 37
  Mandelsuppe 38
  Brotsuppe auf Bauernart 39
  Kartoffelsuppe katalanisch 39
  Kichererbsen-Suppe 40
  Gazpacho 41
  Tortilla Valenciana 41
  Tortilla Marina 42
  Kartoffeln auf Fischerart 42
  Fischtopf katalanisch 43
  Scampi im Topf 43
  Fisch mit Champignons katalanisch 44
  Languste mit Trüffeln 44
  Languste katalanisch 45
  Paella Valenciana 45
  Reis Marina 46
  Kichererbsen-Topf 47
  Fleischtopf à la Murcia 48
  Huhn in Sherry 49
  Pilztopf mit Kichererbsen 50

Kartoffeln katalanisch 50
Artischockenherzen in Weißwein 51
Hirtentopf 51
Churros 52

Provence 54
Töpfe zwischen Schiffen und Schafen 54
Rezepte 65
    Aigo-Saou – Fischtopf 65
    «Rouille» – Rostsauce 66
    Knoblauchsuppe 66
    Soupe au Pistou – Basilikumsuppe 67
    Muschelsuppe 68
    Knoblauchsauce 69
    Provençalische Pilze 69
    Provençalische Omelettes 70
    Muscheln à la Mireille 71
    Stockaficada – Stockfischtopf 72
    Fisch au Rosé 73
    Gebackene Sardinen 74
    Makrelen vom Holzkohlengrill 74
    Bœuf en Daube – Rindfleisch im Topf 75
    Rindsragout Nostradamus 76
    Salate à la Provençale 76
    Tomaten auf provençalische Art 77
    Ratatouille 78
    Fenchel provençalisch 79
    Pissaladière 79
    Weiße Bohnen Mistral 80

Italien 81
Pasta, Pesto, Pomodori... 81
Rezepte 93
  Nudeln selbstgemacht 93
  Tomaten-Sugo 93
  Teigwaren mit Mandeln 94
  Teigwaren «al pesto» 95
  Teigwaren sizilianisch 95
  Vóngole-Sauce 96
  Lasagne aus dem Ofen 97
  Zuppa alla Zabaione 98
  Crevetten-Suppe 98
  Zucchini-Suppe 99
  Pilzsuppe alla Livornese 99
  Risotto 100
  Supplì – Reisküchlein 101
  Fischer-Omelette 101
  Fisch sizilianisch 102
  Fisch im Teig 102
  Dorsch mit Rosinen 103
  Pizza klassisch 103
  Bauernpizza 104
  Schweinskotelettes alla Orbetello 105
  Schweinskotelettes vom Grill alla Castel del Monte 105
  Poulet al Marsala 106
  Poulet in Salbei 106
  Gefüllte Zucchetti 107
  Apulischer Salat 108
  Himbeerglace alla Siciliana 108
  Zabaione al Marsala 109

Dalmatien 110
Der Grill von Svinska Draga 110
Rezepte 116
  Radschnjitschi 118
  Tschewaptschitschi 118
  Fisch vom Holzkohlengrill 119
  Fischsuppe Portoroz 119
  Kohlsuppe aus Kotor 120
  Linsensuppe à la Trogir 121
  Dorsch dalmatinisch 121
  Karpfen montenegrinisch 122
  Bosnischer Eintopf 122
  Reistopf Ankica 123
  Schinken in Kohl 123
  Dschuvetsch 124
  Grüne Sauce 125
  Dalmatinischer Gerstentopf 125
  Nudeltopf à la Svinska Draga 126
  Honigäpfel à la Babitza 127
  Honigkuchen à la Stolac 127

Griechenland 128
Das Land der Griechen mit der Kelle suchend... 128
Rezepte 138
  Mezè 138
  Dolmades 139
  Kartoffelküchlein 140
  Knoblauchsauce 141
  Auberginen-Sauce 141
  Gefüllte Muscheln 142
  Fischsuppe Kalamaki 142
  Bohnensuppe 143

Tomatensuppe Makri 144
Avgolimono – Hühnersuppe mit Zitronen 144
Fisch vom Grill à la Kastoria 145
Gebackener Fisch à la Marina 146
Fischbällchen 146
Fleischbällchen 147
Souvlakia – Spießlein 148
Kotelettes mit Bohnen à la Kyria Archontis 149
Hühnerragout à la Monemvasia 149
Moussaká 150
Gefüllte Tomaten Kanaris 151
Gefüllte Artischocken 152
Grüne Bohnen à la Plaka 153
Honigbällchen 153
Kaffee Aphroditi 154

Der süße Duft des Mittelmeers

Es gibt ein Meer, das nicht nur die schönsten Buchten und die längsten Sandstrände besitzt, das nicht nur auf jeder seiner Inseln eine andere Kultur und in jedem seiner Randstaaten eine andere Sprache kennt, das nicht nur seit Jahrtausenden eine faszinierende Geschichte hatte und ihre Spuren auch heute noch auf Schritt und Tritt zeigt. Es gibt ein Meer, das zugleich auch aufs angenehmste in den Kochtöpfen brodelt. Dieses Meer ist das Mittelmeer.

Nicht das Meer selber brodelt und erfreut mit seinem Duft die Feinschmecker. Aber die Atmosphäre dieses Meeres findet sich in den Töpfen und Pfannen. Die mediterrane Atmosphäre. Von Tarifa im tiefsten Süden Andalusiens bis nach Istanbul weht dieser mediterrane Duft aus allen Küchen. Es ist schwer, sich seinem Zauber zu entziehen. Es ist aber noch viel, viel schwerer, ihn zu beschreiben.

Was eigentlich macht dieses einmalige Aroma des Mittelmeeres aus, das von Tarifa bis Istanbul Nasen und Gaumen entzückt? Wieso schmeckt ein grüner Salat aus der Küche der Señora Martinez so wesentlich anders als ein grüner Salat aus der Küche der Mrs. Brown? Was ist an der Bohnensuppe der Kyria Archontis in Kiffissia (Athen) verschieden von der Bohnensuppe der Frau Maria-Theresia Hinterhuber in Schwaz bei Innsbruck? Warum schmeckt eine Fischsuppe im Hafen von Fiumicino nicht gleich wie eine Fischsuppe in Oslo – warum eine gefüllte Tomate in Aigues-Mortes nicht wie eine in Weggis?

Es gibt zahlreiche Gründe dafür. Das Wichtigste an der mediterranen Küche ist wohl: sie verwendet nur die besten Zutaten. Wir in Mitteleuropa haben uns daran gewöhnt, das zu kaufen, was man uns verkaufen möchte. Wenn eine Tomate außen rot aussieht, meinen wir, sie schmecke gut. Wenn ein Pfirsich eine schöne Farbe hat, halten wir ihn für süß und duftend. Wir haben uns zudem daran gewöhnt, Gemüse und Früchte nicht nur dann zu genießen, wenn sie nach dem Rhythmus der Natur und gemäß ihrer botanischen Veranlagung reif sind, sondern sozusagen das ganze Jahr hindurch. Das haben uns der Geschäftssinn, die Technik des Treibhausanbaus, die Kühlverfahren und das weltweite Transportsystem ermöglicht. Wenn bei uns tiefer Schnee liegt, können wir frische Erdbeeren im Laden kaufen, als lebten wir im heißen Frühsommer. Gemüse aller Art gibt's ständig, und nicht nur in der Jahreszeit, da sie auf unseren Feldern reifen. Was aus irgendwelchen Gründen nicht im Treibhaus gezogen oder von anderswoher mit Schiff oder Flugzeug herbeigebracht werden kann, das gibt es wenigstens tiefgekühlt oder in Büchsen zu kaufen. Und unsere Augen freuen sich daran, wenn diese Dinge auf den Tisch kommen. Freut sich aber auch unser Gaumen?

Die Küche des Mittelmeeres findet: nein. Was gut schmecken soll, das muß nicht nur reif aussehen, sondern auch reif sein. Die Hausfrau der Mittelmeerländer kauft deshalb nicht mit den Augen ein, sondern mit Hand und Nase. Und nach dem Kalender. In ihrer Küche verwendet sie die Zutaten, die gerade auf natürliche Art reif geworden sind – und deshalb auch preiswert zu haben. Sie denkt nicht daran, sich im Geschäft von einer uninteressierten Verkäuferin ein Kilo Pfirsiche einpacken zu lassen – sie wählt vielmehr jeden Pfirsich selber aus, mit Fingerspitzen und im Zweifelsfalle nach dem

Duft, und ist daher sicher, daß nicht die Hälfte der Früchte bestenfalls nach drei Tagen Lagerung am warmen Ofen endlich ausgereift ist (und meistens auch gerade noch leicht angefault...). Die Hausfrau der Mittelmeerländer läßt sich nichts aufschwätzen, weder vom Verkäufer noch von Inseraten. Sie weiß, daß Erdbeeren im Dezember bestenfalls nach Stroh schmecken und nach verdünntem Essig und daß die ersten Aubergines zwar violett gefärbt sind und viel kosten, aber nicht wesentlich besser munden als nasses Filtrierpapier. Und so weiter.

Früher war das bei uns auch so. Man lese einmal in einem Kochbuch der Großmutter nach, was darin alles über die Kunst des Einkaufens geschrieben steht! Natürlich ist es heute nicht mehr möglich, diese guten alten Sitten allgemein wieder einzuführen. Kein Mensch möchte auf die Errungenschaften unserer heutigen Lebensmittelversorgung verzichten. Wer aber gerne auf mediterrane Art kochen will – der macht's wie die Großmutter. Und wie die Hausfrau der Mittelmeerländer. Das heißt: der (und die) verwendet Gemüse und Früchte dann, wenn sie voll ausgereift zu haben sind!

Die nächsten Merkmale der Mittelmeerküche sind anderer Natur. Sie beziehen sich auf Bestandteile der Nahrung, die von den unseren abweichen. Ich möchte sie unter drei Stichworten zusammenfassen. Sie lauten: Olivenöl, Knoblauch, Gewürze.

Es gibt seit den Tagen des berühmten Chemikers Justus von Liebig, der vor über einem Jahrhundert in Gießen wirkte, eine Lehre von den chemischen Bestandteilen der Ernährung. Sie ist seither mehrmals erweitert worden, aber im wesentlichen sagt sie noch heute aus, was man damals fand. Zu diesen Feststellungen der Ernährungslehre gehört, daß unsere Nahrung auch Fette enthalten soll. Sie dienen vorwiegend als Brennstoffe, aber sie machen die Nahrung auch geschmeidiger und leichter eßbar. Zudem haben Fette einen recht hohen Siedepunkt, so daß man sie dazu benützen kann, Fleisch in ihnen zu braten oder Mehlprodukte zu backen.

Nach diesen Gesichtspunkten richten sich unsere Fette. Wir verwenden von ihnen eine ganze Reihe. Gemeinsam ist ihnen allen, daß sie möglichst wenig eigenen Geschmack und Geruch haben. Vorausgesetzt natürlich, daß sie nicht ranzig wurden; dann schmecken und riechen sie, aber nicht gerade vorteilhaft. Unsere Fette haben alle einen ansehnlichen Brennwert und sind deshalb trefflich dazu geeignet, unsere Nahrung kalorienreich und unsere Körper umfangreich zu machen. Zudem sollen sie die Eigenschaft haben – behauptet wenigstens ein Teil der Biologen –, durch Verfettung unserer Kreislauforgane dazu beizutragen, daß wir in der Blüte unserer Jahre dahingerafft werden. Um dies zu verhindern, wird uns empfohlen, mit Fettarten zu kochen, die reich an sogenannten «ungesättigten Fettsäuren» sind. Man kann sich dann vorstellen, daß diese hungrigen Fettsäuren das angelagerte Schmalz aus unseren Adern wegfressen und uns ein langes Leben bescheren. Man hört förmlich, wie die Moleküle da in uns herumschmatzen...

Was bei dieser Auffassung von der Rolle der Fette in der Nahrung völlig fehlt, ist: der Geschmack. Unsere kontinentale Küche ist geradezu stolz darauf, daß sie Fette verwendet, die möglichst wenig eigenen Geschmack haben. Wo sie ursprünglich einen besaßen, wird er durch ausgeklügelte Methoden der Raffination entfernt. Zurück bleiben Fette, die als Brennstoffe dienen können. Aber nicht als Stoffe zum Verfeinern des Essens.

Außerdem herrscht bei uns – neben unzähligen anderen – ein merkwürdiger Aberglaube. Der lautet: Nur feste Fette sind verdaulich, Öle aber liegen einem schwer im Magen. Wie an den meisten Aberglauben, ist auch daran etwas Wahres. Es stimmt tatsächlich, daß Maschinenöl wesentlich schwerer zu verdauen ist als Butter, und daß ausgelassener Walfischblubber den Magen weniger freut als Schweineschmalz. Ganz anders aber ist es mit jenem Öl, das den Inbegriff der Mittelmeerküche ausmacht: mit dem Olivenöl. Olivenöl ist der Saft aus den Früchten des Ölbaums. Man kann es am besten mit frischem Traubensaft vergleichen, der ja auch – wie das Olivenöl – aus ausgereiften Früchten gepreßt wird. Oliven haben einen ausgesprochen angenehmen Geruch – und den teilen sie auch dem Öl mit, das man aus ihnen preßt. Am kräftigsten duftet das Öl aus der ersten Pressung, die unter leichtem Druck erfolgt und deshalb jene Teile der Früchte am meisten des Öles beraubt, die am nächsten der Schale – und daher auch am nächsten der reifenden Sonne – waren. Dieses Öl hat auch eine besondere Farbe. Es ist nicht gelb, sondern leicht grünlich. Und einen eigenen Namen hat es auch. Man nennt es Jungfernöl. Da bei uns meist die französischen Bezeichnungen verwendet werden, steht auf der Etikette «extra vierge» zu lesen. Die zweite Pressung, die schon mit etwas größerem Druck erfolgt, gibt auch noch ein gutes, duftendes Öl. Es ist aber bereits mehr gelb als grün, und seine Bezeichnung lautet nur noch «vierge». Man sieht: die Olive ist das einzige Früchtchen, das zwei verschiedene, allgemein anerkannte Zustände der Jungfräulichkeit aufweist und diese erst bei der dritten Pressung verliert. Vom Olivenöl dritter Pressung wollen wir so wenig reden wie von den Produkten weiterer Ölentziehung. Sie nennen sich zwar alle noch «Olivenöl», aber für die mediterrane Küche kommen sie höchstens als Backöle in Betracht. In Mitteleuropa jedoch werden sie noch immer als Olivenöl gehandelt und benützt. Ja, man zieht diese sozusagen geruchlosen Öle sogar vor! Weil ja, wie oben erwähnt, unsere Öle und Fette um so angesehener sind, je weniger Geruch und Geschmack sie besitzen.

Merken wir uns: Für die Mittelmeerküche benützen wir nur Olivenöl, das die Bezeichnung «vierge» trägt. Wenn wir es uns leisten können, verwenden wir sogar nur die Sorte «extra vierge». Sie kostet zwar nicht wenig – aber sie ist ihren Preis wert. Zu haben ist dieses Öl in unseren Lebensmittelgeschäften nur selten – aber die meisten Reformhäuser führen es. Dort freilich wird es nicht wegen seines guten Geruchs gehandelt, sondern wegen seiner leichten Verdaulichkeit und wegen der in ihm enthaltenen ungesättigten Fettsäuren. Man nennt sie vornehmer auch «essentielle Fettsäuren». Lassen Sie sich von so etwas nicht stören. Jungfräuliches Olivenöl duftet sogar dann noch gut, wenn es unter dem Namen «kaltgepreßtes Gesundheitsöl» gehandelt wird. Nur vor einem möchte ich Sie warnen. Es gibt böse Menschen, die bringen es fertig, sogar jungfräuliches Olivenöl zu verschandeln. Das tun sie, indem sie es durch Kohlefilter hindurchtropfen lassen. Die nehmen ihm den Olivengeruch weg – und zurück bleibt ein weiteres geruchloses Öl. Falls also das Jungfernöl, das Sie gekauft haben, nicht einen ganz starken Duft nach Oliven aufweist, ist anzunehmen, daß es auf diese Art behandelt wurde. Ich empfehle Ihnen, die Flasche wieder mit ins Geschäft zu nehmen, den Inhaber zu verlangen und ihm den Inhalt der Flasche in den Kragen zu gießen. Eine bessere Behandlung verdient jemand nicht, der sich ein solches Öl aufschwätzen läßt und es sogar an seine hilflosen Kunden verschachert!

Kommen wir zum nächsten Charakteristikum der Mittel-meerküche: zum Knoblauch. Wenn man den Namen «Knoblauch» ausspricht, kann man sicher sein, daß manche Leute sich zu schütteln beginnen und «Pfui!» ausrufen. Weil sie der Meinung sind, daß Knoblauch unangenehm rieche. Damit haben sie gar nicht so unrecht. Es verleiht einem Menschen tatsächlich keinen allzu anziehenden Duft, wenn er auch nur eine einzige rohe Knoblauchzehe zerkaut hat. Eine gehackte Zehe Knoblauch, roh ins Essen gemischt, schützt die Moral jeder Tochter wesentlich besser als eine noch so gut argumentierte Predigt. Man merke aber: Der Akzent liegt auf «roh». In rohem Zustande verwendet man in den Mittelmeerländern den Knoblauch aber sozusagen nie. Außer als Mittel gegen Wurmbefall oder übermäßigen Blutdruck. Wir sprechen hier jedoch von der Küche und nicht von der Hausapotheke.

Wenn's Ihnen leichter fällt, können Sie für Ihren persönli-chen Gebrauch das Wort Knoblauch ersetzen durch den Ausdruck «ein Liliengewächs namens Allium sativum». Das ist zwar das gleiche wie Knoblauch, aber es tönt so schön. In unserem Buche wollen wir aber ungeschminkt und hemmungslos Knoblauch schreiben, wo wir Knoblauch meinen.

Im kontinentalen Europa ist Knoblauch zwar vorhanden, aber er wird nur in wenigen Speisen verwendet. Zum Bei-spiel gehört er in gewisse Wurstarten. Er verleiht ihnen das gewisse Etwas, das man an ihnen schätzt, ohne zu wissen, daß es vom Knoblauch kommt. Die Mittelmeerküche ver-wendet Knoblauch jedoch sehr reichlich. Aber: nur in ganz wenigen Fällen kommt Knoblauch ohne weitere Zutaten aus. Die Mittelmeerküche hat nämlich etwas Bemerkens-wertes herausgefunden. Sie weiß, daß man Knoblauch mit etwas anderem mischen muß, um ihm seine penetrant unangenehmen Eigenschaften zu nehmen. Diese anderen Dinge sind erstens Olivenöl und zweitens Würzkräuter.

Vom Olivenöl haben wir schon gesprochen. Bleibt uns noch, von den Würzkräutern zu sprechen, und von den Gewürzen ganz allgemein.

Gewürze scheiden sich, großzügig betrachtet, in zwei Gruppen. Die erste Gruppe besteht aus Naturprodukten, die es fertigbringen, verschiedene Stellen unseres Verdauungsapparates zu erhöhter Wirksamkeit anzuspornen. Die zweite Gruppe besteht ebenfalls aus Naturprodukten, deren Eigengeruch unsere Geruchsnerven angenehm berührt oder deren Geschmack unsere Geschmacksnerven erfreut.

Das wichtigste anspornende Gewürz ist der Pfeffer. Er ist für jede Küche ungemein wichtig. Das sieht man schon daraus, daß er das einzige Gewürz ist, das sozusagen in jedem Haushalt geführt wird und das auf dem Tisch jedes anständigen Restaurants steht. Pfeffer hat auch schon eine enorme politische Rolle gespielt – so wichtig wurde er eingeschätzt. Als Alarich, König der Westgoten, vor bald 1600 Jahren Rom belagerte, konnte sich die Stadt mit 30 000 Pfund Pfeffer von der Plünderung loskaufen. Die meisten der sogenannten Entdeckungsreisen, die seit dem 15. Jahrhundert nach Hinterindien und Amerika stattfanden, hatten als Hauptziel: Pfeffer zu finden und für Europa habhaft zu machen. In Amerika fand man zwar keinen richtigen Pfeffer, wohl aber andere Gewächse, die von pfefferähnlicher Schärfe waren. Da sie unter dem Klima des Mittelmeergebietes angebaut werden konnten, wurden sie sehr bald auch dort heimisch. Aus ihren roten Früchten machte man die pfefferartigen Gewürze Paprika, Pimentpfeffer, Tabasco und Cayennepfeffer, indem man sie trocknete und zu Pulver zerrieb. Die ganzen Früchte aber stiegen in den Rang von Gemüsen und Beilagen auf, bekamen Namen wie Peperoni, Pfefferschoten und dergleichen und sind heutzutage bis hinauf nach Mitteleuropa heimisch geworden.

Schon jetzt möchte ich einen Irrtum berichtigen, der über die Mittelmeerküche im Umlauf ist. Er lautet: Am Mittelmeer kocht man sehr scharf! Das ist grundfalsch. Es gibt ein paar wenige Speisen, die mehr Pfeffer enthalten, als wir es gewöhnt sind. Andere stammen vorwiegend aus jenen Mittelmeergebieten, die fettes Hammelfleisch verwenden. Oder sie stammen aus dem Balkan, wo viel mit Schweinefett gekocht wird. Die Mittelmeerküche aber, die Olivenöl verwendet, hat den Magenkitzel des Pfeffers oder der Pfefferschoten gar nicht nötig. Sie ist nicht mehr gepfeffert als unsere gute Küche.

Wohl aber ist die Mittelmeerküche mehr mit duftenden Gewürzen gesegnet als unsere Küche. Und zwar sind es weniger jene Gewürze, die aus dem Fernen Osten kommen und Zimt, Nelken, Muskat, Muskatblüte, Kardamom und so heißen. Am Mittelmeer verwendet man vorwiegend jene Gewürze, die sozusagen vor der eigenen Küchentür wachsen. Das sind die Kräuter. Sie heißen Majoran und Thymian, Basilikum und Lorbeer, Origano und Rosmarin, Salbei und Anis, Kümmel und Pfefferminze, Safran und Petersilie. Der Ausdruck «Kräuter» ist botanisch natürlich nicht immer stichhaltig, aber was kümmert sich die Hausfrau um Botanik?

Alle Würzkräuter sind für unsere Nase angenehm. Manche von ihnen, in Form von Essenzen und Destillaten, wirken sogar in Parfums mit. Die meisten von ihnen haben die angenehme Eigenschaft, daß sie auch in unserem Klima wachsen und daß man sie deshalb im eigenen Garten ziehen kann. Oder in einer Blumenkiste vor dem Küchenfenster. Das erleichtert einem ihren Gebrauch ganz gehörig. Die Küche des Mittelmeers verwendet nämlich, wo immer es überhaupt möglich ist, diese Kräuter in frischem Zustand. Getrocknet werden sie nur dann angewandt, wenn es auf gar keinen Fall mehr möglich ist, sie frisch zu bekommen. Um zu verstehen, wie sehr frische Kräuter den Duft einer Speise verbessern, muß man nur einmal an einem frischen Stengel Basilikum riechen, und dann an getrocknetem Basilikumpulver. Das ist zwar ein besonders extremer Fall, aber er zeigt um so deutlicher, wie wichtig es ist, frische Kräuter zu verwenden. So wichtig sogar, daß keine rechte Hausfrau am Mittelmeer auf den Gedanken kommen würde, ein Gericht zuzubereiten, das frisches Basilikum benötigt, wenn gerade kein frisches Basilikum zu haben ist.

Es gibt noch einen zweiten Aberglauben, den man nicht früh genug abstellen kann. Der heißt: Würzen muß man, um etwas Geschmackloses eßbar zu machen oder um einen unangenehmen Geschmack zu überdecken.

Beides hat in unseren Breiten seine Berechtigung. Aus einem Stück Fleisch von einer in Ehren ergrauten Kuh kann man keine anständige Suppe machen, wenn man nicht genügend Gewürze zugibt. Und das Fleisch einer Wildsau kann man auch erst ohne Gasmaske essen, wenn man es tagelang mit Nelken, Zimt, Muskat und Lorbeer gebeizt und dadurch einigermaßen salonfähig gemacht hat. Das sind aber Notbehelfe. Mit Gewürzen kann man Geschmackloses und Unangenehmes ebenso wenig zu einem Genuß machen, wie man mit Parfum aus einer langweiligen Bohnenstange oder aus einer ungewaschenen Dorfnymphe eine begehrenswerte Bettfrau machen könnte.

Und schließlich existiert noch Aberglaube Nr. 3: Gerichte

der Mittelmeerküche sind sehr schwierig zu kochen! Das ist der größte Aberglaube von allen. Blättern Sie einmal langsam die Rezeptseiten dieses Buches durch. Zunächst werden Sie erstaunt sein über die kleine Zahl der Zutaten, die jedes der Gerichte braucht, und über die Tatsache, daß diese Zutaten immer und immer wieder vorkommen. Wenn Sie die sogenannten modernen Rezepte lesen, die in Zeitschriften und neuen Kochbüchern erscheinen, sind Sie daran gewöhnt, daß nahezu jedes irgendwie ausgefallenere Gericht jeweils den halben Inhalt der Küche samt einem Dutzend Gewürze benötigt. Das ist in der mediterranen Kochkunst anders. Sie ist einfach. Sie verwendet einfache Zutaten. Sie verzichtet auf nahezu alle jene Tricks, die einem in unseren Kochschulen beigebracht werden. Ich möchte sagen: wer imstande ist, ein Rührei zu braten und einen Salat anzurühren, der hat die technischen Voraussetzungen, die es für die mediterrane Küche braucht. Das wundert aber niemanden, der sich in Mittelmeerländern auskennt. Die Mehrzahl der Hausfrauen, die dort so ausgezeichnet kochen, und die meisten einheimischen Köche in den Restaurants der Bewohner sind alles andere als gelernte Küchenchefs. Manchmal können sie weder lesen noch schreiben. Und zaubern – zaubern können nur ganz wenige von ihnen. Was sie aber tun, wenn sie ihre Speisen in die Teller zaubern: sie befolgen Rezepte, die sich bewährten und deshalb überliefert wurden. Und das, liebe Leser, können Sie auch!

Etwas wird Ihnen vielleicht auch noch auffallen – aber erst, wenn Sie dieses und jenes Gericht selber gekocht haben. Und das ist: wie stark sich die Speisen der einzelnen Mittelmeerländer voneinander unterscheiden! Selbst wenn sie aus nahezu den gleichen Bestandteilen gekocht wurden, schmekken sie ganz typisch nach der Landschaft, aus der sie stammen. Aber das ist kein Zufall. Was in den Küchen eines Landes passiert, entstammt seiner Landschaft, seiner Geschichte und seiner Kultur. Nationales drückt sich ebenso deutlich in der Kochkunst aus, wie etwa in der Musik oder in der bildenden Kunst.

Die Rezepte dieses Buches führen Sie von Spanien nach Griechenland – quer durchs Mittelmeer. Möge es Ihnen Freude machen, dieses herrliche Meer in Ihrem eigenen Kochtopf brodeln zu lassen!

Wichtige Winke

Die Rezepte dieses Buches sind einfach. Manchmal kommt aber vielleicht darin doch etwas vor, über das wir besser ein paar Worte sagen, bevor es zu Mißverständnissen gekommen ist. Diesem Zwecke dient das folgende Mini-Lexikon.

Mengenangaben: Alle Rezepte sind für vier Personen bestimmt.

Kleine Flamme: Die meisten Gerichte aus den Mittelmeerländern haben Kochzeiten, die uns recht lang vorkommen. Das kommt daher, daß man sie auf «kleiner Flamme» kocht. Darunter versteht man jene Hitze, die gerade noch knapp ausreicht, um den Inhalt eines Topfes am Kochen zu halten. Ein Gasherd läßt sich am besten für diese kleine Flamme regeln. Bei einem Elektroherd ist es schon schwieriger – aber man kann da von dem alten Trick Gebrauch machen, der darin besteht, daß man den Topf oder die Pfanne nur teilweise auf die Heizplatte stellt. Die Frage ist nur, ob gerade Ihr Elektroherd diese leichte Mißhandlung aushält...

Kasserolle: Ein Kochgefäß mit Stiel oder Henkel, das aus dickem Metall besteht – oder aus feuerfester Keramik. In meiner Küche haben sich ganz besonders emaillierte Eisenkasserollen bewährt, wie sie neuerdings in den verschiedensten Ausführungen auf den Markt kommen. Selbst wenn

Sie einen Gasherd haben, sollten Sie unbedingt die Ausführung für Elektroherde wählen; sie besitzt einen noch dickeren Boden, und der ist der Witz an der ganzen Sache. Er speichert und verteilt die Wärme gleichmäßig, wie es für alle in einer Kasserolle gekochten Gerichte nötig ist.

Bouillon: Die Zeiten, da eine rechte Hausfrau stets einen großen Topf voll selbst zubereiteter Bouillon auf dem Herd stehen hatte, sind leider vorbei. Wenn Sie sich den Spaß aber leisten können, Bouillon nach dem Rezept aus Großmutters Kochbuch zu kochen, so tun Sie's. Es geht jedoch auch mit Bouillon, die Sie aus heißem Wasser und Bouillonwürfeln oder -paste angerührt haben. Und es geht auch mit einer kräftigen Gemüsebrühe. Manche Köchinnen am Mittelmeer, die sich kein Fleisch leisten können, verwenden solche Gemüsebouillon mit gutem Erfolg.

Wein: Es gibt böse Menschen, die sogenannten «Kochwein» verkaufen. Selbst wenn er eine sehr schöne Etikette aufgeklebt hat, sollten Sie um diesen Wein einen großen Bogen machen. Man kann ihn vielleicht zum Entrosten von Brückengeländern verwenden, aber keinesfalls zum Kochen. In der Küche benützt man richtigen Wein zum Kochen. Das ist ein Wein, den man auch mit Vergnügen trinken kann, der aber trotzdem nicht zu den oberen Preislagen gehört. Er darf nicht nur, sondern er soll sogar leicht säuerlich sein. Das gilt auch für Rosé und für Rotwein. Wenn Sie nördlich des Mains wohnen, werden Sie Schwierigkeiten haben, sich solchen Wein zu verschaffen, weil man dort vorwiegend «leicht süße» Weine verkauft. Wie Sie sich aus der Affäre ziehen können, ist mir schleierhaft...

Knoblauch: Unter dem Wort «Knoblauch» ist in diesem Buch ausschließlich frischer Knoblauch verstanden, keinesfalls aber Knoblauchpulver oder Knoblauchsalz. Außer den normalen kleinen Knollen, die schon eine Zeitlang getrocknet wurden, findet man auch sehr große Knollen von erntefrischem Knoblauch. Lassen Sie sich durch deren Größe nicht abschrecken – eine Riesenzehe von einer solchen Knolle würzt nicht stärker als eine kleinere von getrocknetem Knoblauch. Verwenden Sie also getrost diese großen Zehen in gleichen Mengen, wie die Rezepte es vorschreiben.

Tomaten: Nichts geht über vollreife Tomaten, die man selber im Garten geerntet hat oder die man direkt von einem Gärtner bekam. Leider sind das seltene Glücksfälle. Wenn Sie Tomaten einkaufen, sollten Sie darauf sehen, daß sie rundherum reif sind. Tomaten mit allzuvielen hellen Stellen eignen sich nicht gut für mediterrane Speisen. Um Tomaten zu schälen, legen Sie die Früchte einzeln in kochendes Wasser. Nach ein paar Sekunden nehmen Sie die Tomaten heraus, schneiden die Haut leicht ein und ziehen sie ab – das geht spielend. Für Speisen, in denen Tomaten verkochen sollen, können Sie auch Büchsentomaten (geschält) verwenden; die Kerne sollten entfernt werden, und den allzuvielen Saft verwenden Sie besser für irgendein anderes Rezept.

Reis: In großen Zügen gesprochen, gibt es zwei Sorten Reis. Die erste – Karolina-Reis, Patna-Reis vor allem – bleibt beim Kochen recht lange körnig. Die andere Sorte – Vialone zum Beispiel – kocht rasch weich; in Deutschland wird sie meist als «Milchreis» angeboten. Reis, der körnig kocht, sollte zuvor gründlich in fließendem Wasser gewaschen werden. Dann muß man ihn jedoch trocknen, was am besten mit einem sauberen Handtuch geschieht, auf das man den Reis schüttet. In den einzelnen Rezepten ist angegeben, welche Sorte Reis sich eignet und wie man ihn jeweils zu behandeln hat.

Peperoni: Peperoni gibt es in Mitteleuropa in drei Arten: Tomatenpaprika, Pfefferschoten – oder Gemüsepaprika – und die kleinen, scharfen Pfefferschoten (in Deutschland Peperoni genannt). In unseren Rezepten werden vorwiegend die großen Gemüsepaprika verwendet, die grün, gelb, orange oder rot sein können, die Größe einer Faust haben und nur sehr milde pfefferig schmecken. Tomatenpaprika, die tatsächlich eine Tomatenform aufweisen, eignen sich nur im Notfall. Die fingergroßen, grünen oder roten Schoten des scharfen spanischen Pfeffers (deutsch: Peperoni) werden in diesem Buch nur als Beilage zu einigen dalmatinischen Gerichten verwendet. Bitte hüten Sie sich davor, sich von einem unwissenden Gemüsehändler solche «Peperoni» aufreden zu lassen und sie dann in großer Quantität für die Zubereitung einer Speise zu verwenden. Nicht einmal die Feuerwehr könnte den Brand in Ihrer Kehle löschen. Ist's aber doch passiert, so gibt es nur ein Mittel: Essen Sie ein paar Scheiben frische Gurke oder eingemachte Salz- oder Gewürzgurke! Das löscht – warum weiß niemand. Falls Sie die Gemüsepaprikaschoten nicht in der angegebenen Farbe bekommen können, so verwenden Sie unbesorgt Früchte einer anderen Farbe. Der Geschmack ist gleich.

Zucchetti: Das sind Früchte, die zu den Kürbissen gehören, aber wie kantige Gurken aussehen. Wenn sie noch klein sind, nennt man sie Zucchini. Nur die allerältesten Exemplare muß man schälen; alle anderen haben eine so zarte Haut, daß man sie ungeschält verwendet und sich über das frische Grün im fertigen Gericht freut. Falls Sie keine Zucchetti bekommen können, verwenden Sie Gurken. Der Geschmack ist dann aber etwas anders.

Selleriestengel: In der Mittelmeerküche spielt Sellerie eine große Rolle – aber nicht die Knollensellerie, die bei uns üblich ist, sondern die Stengel und die grünen Blätter der Selleriepflanze. In unseren Geschäften sind sie nicht immer erhältlich. Meist jedoch findet man sogenannte Bleich- oder Stangensellerie. Sie kann Selleriestengel ersetzen, hat aber den Nachteil, nicht gerade billig zu sein. Findet man weder die eine noch die andere Sellerieart, so muß man sich mit Knollensellerie begnügen – klein gewürfelt verleiht sie den Gerichten auch ein gewisses Aroma, wenn auch längst nicht das typische frischer Stengel und Blätter. Auf gar keinen Fall aber sollte man Selleriesalz verwenden.

Fische: In unseren Rezepten sind nur solche Fischarten verwendet, die heutzutage fast überall tiefgekühlt zu haben sind. Man muß sie vor der Verwendung auf Zimmertemperatur auftauen – gleichgültig, was auf der Packung anderes aufgedruckt steht. In Ortschaften mit einer guten Fischhandlung kann man auch Mittelmeerfische bekommen, zum Beispiel Rougets, Sardinen, Rascasse, Mulet, Merlan. Sie schmecken natürlich in mediterranen Gerichten besonders gut. Zum Grillieren am Spieß eignet sich jedoch nur die Makrele.

Muscheln: Was in diesem Buch mit «Muscheln» bezeichnet wird, sind gewöhnliche schwarze Miesmuscheln (französsisch: Moules), die auch in nördlichen Meeren vorkommen und recht wohlfeil sind. Die Muscheln im Mittelmeer sind größer und schmecken etwas besser.

Crevettes: Im Mittelmeer kommen nur die kleinen rosa Crevettes vor, nicht jedoch die braunen Nordseekrabben. Tiefgekühlte Crevettes stammen aber meist aus Fanggründen außerhalb des Mittelmeeres. Das ist kein Hindernis – sie schmecken aufs Haar gleich wie ihre Verwandten zwischen Gibraltar und den Dardanellen, nur sind sie viel billiger.

Scampi: Für diese Art Krustentiere gibt es leider noch keinen deutschen Namen. Man muß also beschreiben, wie sie aussehen. Scampi kommen als etwa fingergroße, fertig gekochte Schwänzchen in den Handel; manchmal bekommt man sie auch ungekocht, wobei sie eine bräunliche Schale und ein glasartig durchsichtiges Fleisch aufweisen. Statt Scampi verwenden Sie ohne Schwierigkeiten auch Riesenkrabben und andere Krustentiere, die in den Läden zeitweise auftauchen. Sogar Krabbenfleisch und Langustenschwänze können als Ersatz für Scampi dienen. Die Hausfrauen am Mittelmeer sind schließlich auch darauf angewiesen, was ihr Mann gerade gefangen hat oder was sie auf dem Fischmarkt finden.

Spanien

Ich versprach dir, einmal spanisch zu kochen...

Ich habe kaum je miserabler gegessen als damals, als mir das erste spanische Gericht vorgesetzt wurde.

Das geschah nicht etwa auf der Iberischen Halbinsel, sondern in einer sonst durchaus ehrenwerten Stadt Mitteleuropas, vor vielen Jahren. Da gab es eine Familie von gutem Leumund, die hatte ihre Ferien in Barcelona verbracht. Wieso man ausgerechnet im Hochsommer in die heißeste Stadt Kataloniens fährt, ist mir rätselhaft. Aber es gibt sicher auch Leute, die just im Winter nach Grönland reisen, damit sie einmal so richtig nach Herzenslust frieren können.

Also diese Familie hatte in Barcelona im Hotel gewohnt und gegessen, und dabei hatte sie die Bekanntschaft mit einem Gericht gemacht, das auf Deutsch «Schüssel» heißt. Oder «Pfanne». Auf Spanisch nennt man es Paella. An sich ist das in Barcelona eine Speise, die vorwiegend aus herrlich körnig gekochtem Reis besteht, der mit allerhand spannenden Dingen belegt ist. Unsere Familie hatte das gut gefunden und beschlossen, zu Hause auch so eine Paella zu kochen. Wozu ich als Gast eingeladen wurde.

Leider hatte die Familie völlig vergessen, sich in Barcelona das Rezept zu besorgen. So stellte sich also die Hausfrau und Mutter in die Küche und erfand es selber. Ich erlebte nur das Resultat. Das bestand aus einer großen Schüssel, in der war eine Art Milchreis abgelagert, der mit Currypulver gelb gefärbt und scharf gewürzt worden war. Im Reis hielten sich widerwillig zahlreiche Büchsenerbsen auf, ferner einige ebenfalls einer Büchse entwichene Karotten. Auf dem Reis lagen die anatomischen Bestandteile eines mehr oder weniger gebratenen, bleichsüchtigen Kaninchens, eines lange nach der Blüte seiner Jahre von roher Hand dahingerafften und von der Hausfrau unter Vermeidung von würzenden Zutaten gebratenen Huhnes sowie drei einer tiefgekühlten Packung entrissene Dorschfilets. Letztere waren paniert und in Speisefett nach Vorschrift goldgelb geröstet.

Leider bin ich ein höflicher Mensch. Da ich zuvor auch noch nie in Spanien gewesen und da die Lektüre der Tageszeitungen mich von dem Vorhandensein einer Diktatur in Spanien überzeugt hatte, dachte ich, eine Paella müsse so sein. Ich aß also, was man mir auf den Teller legte. Es schmeckte so fade, daß ich mit wesentlich größerem Genuß in die gebleichten Blondhaare der Tochter des Hauses gebissen hätte, auch wenn die weder mit Erbsen noch mit Karotten durchwirkt waren. An jenem Abend entschloß ich mich, aus kulinarischen Gründen das Land Spanien so lange zu meiden, wie mir das möglich sein würde. Es war mir ganze 13 Jahre möglich.

Heute muß ich sagen: schade um diese 13 Jahre. Welche Genüsse sind mir in ihrem Verlaufe entgangen!

Eigentlich hätte ich schon drei Jahre später stutzig werden sollen. Da besuchte ich im französischen Albi das Museum mit den Werken von Henri de Toulouse-Lautrec. Nicht weit vom Museum las ich ein Schild mit den Worten «Restaurant Catalan». Auf der ausgehängten Speisekarte standen lauter fremdartige Gerichte, aber auch Paella. Ich stieg über eine Treppe in das Restaurant, das im ersten Stock lag und mehr als bescheiden aussah. Offen ausgesprochen: es

sah richtig power aus. In ihm saßen Männer, die gerade-
wegs einem spanischen Revolutionsfilm entsprungen waren.
Sie führten Gespräche in einer unverständlichen Sprache,
die aber etwas ans Lateinische erinnerte und die Katalanisch
war. Nach den bitteren Erfahrungen bei der Familie mit
gutem Leumund sah ich davon ab, eine Paella zu bestellen.
Vielmehr bat ich den Wirt, der zugleich auch Koch war,
mir Moules à la Catalane zu bringen. Die waren so ausgezeichnet, daß ich noch heute leer schlucken muß, sobald ich
an sie denke. Aber ich hielt das Gericht damals für eine
Spezialität des Ortes Albi, und der lag (und liegt) keineswegs in Spanien. Sondern gute 150 Kilometer Luftlinie von
der Grenze gegen Norden zu.
Die zweite Warnung kam einige Jahre später. Da verehrte
ich eine Dame namens Marianne, die Spanien nicht nur aus
der Perspektive eines Hotels in Barcelona kannte und die
ausgezeichnet kochen konnte. Einmal sagte sie zu mir: «Ich
versprach dir, einmal spanisch zu kochen.» Vielleicht sagte
sie es nicht ganz so mit den Worten des Goetheschen Eg-
mont, aber der Sinn war der gleiche. Sie kochte mir ein
spanisches Mahl. Es war ein hinreißender Genuß. In meiner
Arglosigkeit führte ich das auf die Tatsache zurück, daß
Marianne so gut kochen konnte, und nicht auf die spanische
Küche.
Eines Tages aber ließ es sich nicht länger vermeiden, daß ich
nach Spanien reiste. Mir schwebte zwar der Nachtmahr vom
bleichsüchtigen Kaninchen vor Augen, aber gleichzeitig
auch der unwahrscheinlich große Reichtum an romanischen
Plastiken, den Katalonien aufzuweisen hat. Und der siegte.
Romanische Plastiken sind eines meiner Sammelobjekte.
Leider nur in Form von Photographien.
Drei Tage lang – von Seo de Urgel bis Tarragona – gelang

es mir, die spanische Küche zu meiden. Ich aß zwar in Basella ausgezeichnete kleine Hors-d'œuvres, die mir zum Bier serviert wurden. Ich aß auch in Agramunt ausgezeichnete kleine Hors-d'œuvres, die mir zum Bier serviert wurden. Und ich aß in Montblanch ausgezeichnete kleine Hors-d'œuvres, die mir zum Bier serviert wurden. Erst in Tarragona aber ging mir der Vorrat an Mitgebrachtem aus, und ich mußte ins Restaurant essen gehen. Nach alter Erfahrung fuhr ich zum Hafen, weil es dort immer die besten und billigsten Restaurants gibt. In eines, das mir sympathisch vorkam, ging ich. Am Nebentisch saß eine größere Familie aus Frankreich.

Der Kellner brachte eine Speisekarte. Sie war vollgedruckt mit so vielen Gerichten, daß sie zu Hause für drei Restaurants ausgereicht hätte. Am Kopf stand zu lesen, daß man sich als Touristenmenü aus jeder der Kategorien ein Gericht aussuchen könne, und das ganze reichhaltige Menü kostete unwahrscheinlich wenig. Ich suchte aus. Sogar Paella bestellte ich. Was ich im Verlaufe der nächsten zwei Stunden vorgesetzt bekam, war ausgezeichnet. Abwechslungsreich zubereitet, mit Vernunft gewürzt, Portionen von angemessener Größe. Sogar die Früchte zum Dessert waren von bester Qualität. Und dazu, wie gesagt, unwahrscheinlich billig. Dann bestellte ich die Rechnung. Sie war unwahrscheinlich hoch. Auch die französische Familie hatte die Rechnung vor sich, und sie war ebenfalls sehr hoch; an die Preise Frankreichs gewöhnt, bezahlte der Familienvorstand widerspruchslos. Ich hingegen machte den Kellner darauf aufmerksam, daß ich ja ein Touristenmenü bestellt hatte – und daraufhin nahm er die Rechnung wieder mit, auf der er alle Preise à la carte notiert hatte, und brachte eine neue. Sie war unwahrscheinlich niedrig. Ich bezahlte widerspruchslos. Und seither studiere ich die Küche Spaniens ebenso, wie ich die Küchen der anderen Mittelmeerländer studierte und studiere. Die Rechnungen Spaniens studiere ich auch. Aber ich muß sagen: der Kellner in jenem Hafenrestaurant von Tarragona war der einzige Mensch auf der iberischen Halbinsel, der mir jemals zuviel verlangte. Zu wenig verlangt haben aber nicht wenige Leute in Spanien... Es ist eine alte Erfahrung, daß eine Vielfalt von fremden Einflüssen einem Land wohltun. Jedenfalls sobald sie von der Aktualität zur Vergangenheit geworden sind. In Spanien haben wir ein lebendiges Beispiel dafür: die spanische Küche. An ihr haben bereits die Römer mitgearbeitet, die ihre Öl- und Knoblauchspeisen ins Land brachten, aber auch ihre Universalsauce, die noch heute – in modernerer Form – in Spanien verwendet wird. In den Hafenstädten machten sich schon damals die Spezialitäten des ganzen Mittelmeergebietes breit, wie sie das in allen Häfen des ganzen Meeres taten. Man wird noch heute daran erinnert, wenn man angebliche Spezialitäten einer Region plötzlich in ganz entfernten Gegenden ebenfalls als angebliche Spezialitäten wiederfindet – das haben mit ihren Schiffen die Leute der Antike getan! Von den Völkern aus dem Norden, die während der Völkerwanderung nach Spanien gerieten, haben sich allerdings keine Speisen erhalten. Man nennt die Völkerwanderung ja auch «Invasion der Barbaren», und damit ist schon angedeutet, daß die Vandalen und Westgoten, um die es sich hier vor allem handelt, keine kulinarischen Spitzenleistungen mitbrachten. Es blieb unseren Tagen vorbehalten, an Spaniens Küsten die Kultur des Sauerkrauts und des Eisbeins eingeführt zu haben.

Ganz anders wurde das aber, als die Araber in Spanien herrschten. Sie waren da längst von armseligen Beduinen auf dem Umweg über Parvenüs zu einem Kulturvolk geworden, das nicht nur alles pflegte, was zuvor an Gutem da war, sondern auch Neues mitbrachte. Seit Jahrhunderten lag damals schon der Handel mit den Gewürzinseln in arabischen Händen. Araber hatten das Monopol auf Zimt und Nelken, Muskat, Pfeffer und Vanille, tropische Früchte und sogar schon Rohrzucker. Ihr neu erworbener Reichtum gestattete es ihnen, diese Köstlichkeiten nicht nur an die europäischen Völker zu verkaufen, sondern selber in ihnen zu schwelgen. In den Küchen des arabischen Spaniens herrschten die Wohlgerüche Arabiens ebenso wie der Wohlgeschmack kräftig gewürzter und süßer Speisen. Die Araber wurden zwar Schritt für Schritt aus der Halbinsel vertrieben, aber ihre Einflüsse in den Küchen blieben bestehen. Als das Königspaar Isabella und Ferdinand die letzten Araber von spanischem Boden hatte vertreiben lassen – im Januar 1492 war das –, aß man an ihrem Hofe besser und mehr als irgendwo sonst in Europa.

Im Herbst dieses folgenschweren Jahres entdeckte Kolumbus Amerika. Er war keineswegs ausgefahren, um neues Land zu entdecken. Zweck seiner Reise war vielmehr, einen direkten Weg nach den Gewürzinseln zu finden, den die mit Recht feindlichen Araber nicht bedrohen konnten. Zimt und Zucker, Pfeffer und Nelken fand er zwar nicht. Er und die ihm folgenden Eroberer brachten aber Neuheiten mit, die bald den Speisezettel des ganzen Mittelmeergebietes ändern sollten. Das waren zunächst die Pfefferschoten, aus der Familie Capsicum. Dann merkwürdige Nachtschattengewächse mit roten Früchten oder dunklen Knollen, die wir heute Tomaten und Kartoffeln nennen. Dann Kakaobohnen, Mais, und nicht zuletzt eine zwar nicht eßbare, aber dennoch als Genußmittel bald ungeheuer wichtig gewordene Pflanze:

den Tabak. Sie alle waren bisher nur in der Neuen Welt gewachsen. Nun wurden sie – außer dem tropischen Kakao – im Mittelmeergebiet angepflanzt. Am raschesten setzten sich die Pfefferschoten durch, denn sie konnten ja tatsächlich als Ersatz für den richtigen Pfeffer, der aus Hinterindien kam, benützt werden.

Der Ruhm der spanischen Küche breitete sich von Land zu Land aus, wozu die Eroberungszüge Spaniens und seine Besitzungen in anderen Ländern wesentlich beitrugen. Spanisch kochte man schon in Italiens vornehmen Häusern, als von dort Maria von Medici als zweite Frau des Königs Henri IV. nach Frankreich reiste. Sie brachte ihre Köche mit, die der noch recht barbarischen französischen Küche den ersten brillanten Schliff gaben. Den zweiten Schliff gaben ihr die Köche der spanischen Infantin Maria Theresia, knapp ein halbes Jahrhundert später, die den jungen König Louis XIV. von Frankreich heiratete. Was wir heute mit «La Haute Cuisine Française» bezeichnen, ist im Grunde teilweise eine spanische Küche aus den Blütezeiten des spanischen Reiches...

Die Sache ging aber noch viel weiter. Seit ältesten Zeiten gab es in Spaniens Küstenländern, wo die Zitronen blüh'n, eine Sauce, die geradezu der Inbegriff der Mittelmeerküche war, denn sie enthielt sowohl Olivenöl als Knoblauch und Würzkräuter, dazu Eigelb und Zitronensaft. Sie paßte vorzüglich zu gekochtem und gebratenem Fisch, aber auch zu magerem Fleisch vom Holzkohlengrill. Da das ohnehin die üblichsten Speisen der Küstengebiete am Mittelmeer waren, breitete sich das Rezept der Sauce rasch aus, und bald gab es sie von Tarifa bis Istanbul. Auch in der Provence wurde sie üblich. Da es dort schon damals Dichter gab, die das gute Essen besangen, ging die Sauce in die Literatur ein –

und heute gilt sie unter dem Namen «Aioli» als typische Schöpfung der Provence.

Sie brachte es aber noch weiter, diese spanische Sauce. Vor etwas mehr als zweihundert Jahren lag in Port Mahón auf Minorca eine französische Flotte. Deren Kommandant hatte seinen eigenen Koch mitgebracht, der ein sehr erfindungsreicher Mann gewesen sein muß – wie alle guten Köche das sind. Er schnappte das Rezept der Knoblauchsauce in irgendeiner Hafenkneipe auf. Vermutlich war sein Herr kein Freund allzu starken Knoblauchgeruches. Jedenfalls ließ dieser begabte Koch den Knoblauch einfach weg, rührte die Sauce aus Eigelb, Olivenöl und Zitronensaft, salzte und pfefferte sie und stellte sie als «Sauce Mahonnaise» auf den Tisch des Kommandanten. Sie war ein Erfolg. Ein so großer, daß sie in den 200 Jahren ihrer Existenz die ganze Welt erobert hat, auch wenn sie inzwischen ihren Namen in «Majonnaise» veränderte. Eines aber ist geblieben: die Majonnaise ist eine spanische Sauce, die in Spanien leicht verändert und daraufhin Allgemeingut aller guten Küchen wurde.

Die Spanier haben also schon aus historischen Gründen allen Anlaß, stolz auf ihre Küche zu sein. Ihr Stolz wird noch berechtigter, wenn man bedenkt, wieviele verschiedene spanische Küchen es gibt. Spanien ist nur um wenig kleiner als Frankreich, aber es erstreckt sich von den schneebedeckten Höhen der Pyrenäen bis zur Küste Afrikas, von der stürmischen Biscaya am Atlantik bis zur subtropischen Costa del Sol, von der Hochebene Kastiliens bis zu den balearischen Inseln. Es gibt in Spanien sozusagen alles – und das hat dazu geführt, daß jede Provinz, jede Region, manchmal jede Stadt des Landes eine eigene Küche entwickelte. Dazu kam, daß es in Spanien während Jahrhunderten als verboten progressiv galt, lesen zu können (falls man nicht zu den höchsten Schichten gehörte), und daß daher alle Rezepte nur vom Mund der Mutter zum Ohr der Töchter weitergegeben wurden. Mitsamt Hörfehlern und unvermeidlichen individuellen Ergänzungen. Das schuf eine Vielfalt von Speisen, wie sie kein anderes Land aufzuweisen hat. Es ist in Spanien durchaus üblich, daß das gleiche Gericht in jedem Haus einer Straße anders zubereitet wird, sofern die Bewohner nicht aufs engste miteinander verwandt oder verschwägert sind.

Rezepte

Vieles, vieles von den Gerichten Spaniens läßt sich in Mitteleuropa leider nicht zubereiten. Da sind vor allem jene Fischgerichte, die damit stehen oder fallen, daß man die richtigen Fische zur Verfügung hat. Dasselbe gilt für alle Speisen, die Tintenfische enthalten. Man bekommt sie zwar tiefgekühlt bei uns zu kaufen, aber sie schmecken einfach anders, als wenn sie kurz zuvor aus dem Wasser gezogen wurden. Deshalb werden Sie Rezepte solcher Art in diesem Buch vergeblich suchen.

Anders steht es zum Glück mit zwei typisch spanischen Zutaten: mit Kichererbsen und Chorizos. Seit einigen Jahren schon kommen Kichererbsen in Mitteleuropa nicht nur in lateinischen Wörterbüchern vor, wo sie als «cicer» unmittelbar vor dem Namen Cicero des berühmten Redners und Politikers stehen und Generationen von humorvollen Lehrern Anlaß zu Witzchen gaben, die den Schülern zwar unverständlich blieben, aber pflichtgemäß belacht wurden. Kichererbsen sind auch in Lebensmittelgeschäften zu haben, eventuell unter dem italienischen Namen «Ceci» oder der französischen Bezeichnung «Pois Chiches». Sie sehen aus wie kleine Haselnüsse, sind aber Hülsenfrüchte und werden wie getrocknete weiße Bohnen behandelt. Man kocht sie auf jeden Fall ohne Natronzusatz, sonst wird aus ihnen ein Püree – und das ist keine spanische, sondern eine arabische Spezialität.

Chorizos wiederum sind in Mitteleuropa zu haben, seit es spanische Gastarbeiter gibt. Chorizos sind kräftig mit rotem Pfeffer und Knoblauch gewürzte Würste mit großen Speck-brocken, die in Spanien für allerlei Zwecke benützt werden – man ißt sie roh, gekocht, gebraten, gegrillt, ganz oder in Stücke geschnitten. Chorizos verleihen den Gerichten, in die sie gehören, das typische Aroma und sind durch nichts anderes zu ersetzen. Falls man keine auftreiben kann, ist es besser, gar keine Wurst zu verwenden, als irgend eine mittel-europäische Wurstart, so gut die auch sein mag.

Mandelsuppe

100 g geriebene Mandeln	Petersilie
2 Knoblauchzehen, zerdrückt	Olivenöl
Weißbrot	Safran
1 Peperone, rot oder gelb	Salz, Pfeffer

Zwei Eßlöffel Olivenöl in eine Bratpfanne geben, heiß wer-den lassen und die Mandeln kurz darin anrösten. Knoblauch, einen Eßlöffel gehackte Petersilie und die klein zerschnittene, entkernte Peperone zugeben und anziehen lassen. Heiß im Mörser zu Brei stampfen – oder im Mixer zu Püree machen. Zwei Brotscheiben in Wasser einweichen und durch ein Sieb zu der Masse drücken. Im Suppentopf mit einem Liter Was-ser vermischen, salzen und pfeffern; eine Messerspitze Safran einrühren. Zum Kochen bringen und eine Minute kochen lassen. In Tassen servieren.

Brotsuppe auf Bauernart

250 g Weißbrot	½ Peperone
Butter	Pfeffer
1 Liter Bouillon (Rind oder Huhn)	

Das Brot in Scheiben schneiden und entrinden. In der Bratpfanne mit wenig Butter anbräunen. Die Peperone ganz fein hacken. Brot, Peperone und etwas Pfeffer in den Suppentopf geben, die Bouillon einfüllen und zum Kochen bringen. Nach fünf Minuten das Brot mit dem Schneebesen möglichst kleinschlagen. Noch eine Viertelstunde leise kochen lassen und in Tellern anrichten, wobei in jeden Teller noch ein Stücklein Butter kommt.

Kartoffelsuppe katalanisch

4 große Kartoffeln, roh	Olivenöl
4 Tomaten, geschält, entkernt und gehackt	Safran
	Weißwein
1 Zwiebel, fein gehackt	1 ½ Liter Bouillon
1 Knoblauchzehe	Pfeffer
2 Eier	

In eine Kasserolle zwei Eßlöffel Olivenöl geben. Die Zwiebel darin anziehen lassen, dann die Tomaten einrühren und dünsten, bis sie zu Brei geworden sind. Knoblauch und die geschälten und in dünnste Scheiben geschnittenen Kartoffeln zugeben, gut mischen und eine Minute auf der Flamme lassen. Mit der Bouillon ablöschen, zwei Deziliter Weißwein zugeben und anderthalb Stunden zugedeckt leise ko-

chen lassen. In einem Eßlöffel Weißwein ein Päcklein Safran
auflösen. Die beiden Eiweiß zu Schnee schlagen und den
Safranwein einmischen. Die beiden Eigelb mit Pfeffer in
der Suppenschüssel verklopfen. Unter ständigem Schlagen
langsam zwei Kellen voll Suppe (nur Brühe!) einmischen,
dann den Rest der Suppe in die Schüssel gießen und gut
rühren. Den Eierschnee darüber verteilen und anrichten.

Kichererbsen-Suppe

200 g Kichererbsen, ge- trocknet	Petersilie 1 ½ Liter Bouillon
1 Zwiebel, fein gehackt	Cayennepfeffer
4 Tomaten, geschält, ent- kernt und gehackt	Olivenöl 4 Brotscheiben, geröstet
2 Knoblauchzehen, zer- drückt	Pfeffer, Muskat

Die Kichererbsen werden über Nacht in reichlich Wasser
eingeweicht. Im Suppentopf zwei Liter Wasser zum Kochen
bringen. Leicht salzen, die abgetropften Kichererbsen zugeben und eine Stunde lang zugedeckt am Kochen halten.
Das Wasser abgießen und die Bouillon zugeben. Dann in
einer Saucenpfanne vier Eßlöffel Olivenöl heiß werden lassen. Zwiebel, Tomaten, Knoblauch und einen Eßlöffel grob
gehackte Petersilie einrühren und anziehen lassen. Mit zwei
Kellen Bouillon verrühren und unter gelegentlichem Um-
rühren 30 Minuten auf ganz kleiner Flamme leise kochen.
Dann eine Messerspitze Cayennepfeffer, etwas Pfeffer und
einen Eßlöffel Olivenöl einmischen und alles in die Kicher-
erbsensuppe rühren. Eine halbe Stunde leise koche n lassen.
Falls die Kichererbsen noch nicht gar sind, die Kochzeit ver-
längern. Erst vor dem Anrichten mit etwas Muskat parfü-

mieren. In große Teller ausschenken, in die man je eine
Brotscheibe legt.

Gazpacho

4 Tomaten, dünn gescheibelt	1 Peperone, entkernt, fein gehackt
1 Gurke, ungeschält, dünn gescheibelt	Weißwein (möglichst etwas säuerlich)
2 Knoblauchzehen, zerdrückt	Olivenöl
	Cayennepfeffer, Salz
1 Zwiebel, dünn gescheibelt	500 g Eis

In eine gut gekühlte Schüssel den Knoblauch geben und mit
vier Eßlöffeln Olivenöl verrühren. Tomaten, Zwiebel und
Peperone einmischen (vorsichtig – die Stücke sollen nicht
zerdrückt werden!). In einer Schüssel Salz und eine Messerspitze Cayennepfeffer mit einem Deziliter Weißwein mischen. Eine halbe Stunde ziehen lassen. Dann die Gurke
unter die Gemüse mischen, fünf Minuten ziehen lassen. Den
Wein darüber verteilen und das kleingehackte Eis darüber-
geben. Sofort servieren.

Tortilla Valenciana

4 Eier	1 rote Peperone, entkernt und kleingehackt
2 Tomaten, geschält, entkernt und gehackt	Olivenöl
	Salz, Pfeffer

Drei Eßlöffel Olivenöl in einer großen Bratpfanne heißmachen. Peperone und Tomaten zugeben und unter Wenden garbraten. Die Eier mit Salz und Pfeffer verklopfen und
über die Gemüse gießen. Auf sehr kleiner Flamme so lange

braten, bis die Oberfläche erstarrt ist. Die Unterseite sollte bereits leicht angebräunt sein. In der Pfanne wenden und servieren.

Tortilla Marina

4 Eier	1 Tomate, geschält, ent-
1 Zwiebel, fein gehackt	kernt und gehackt
2 Knoblauchzehen, zer-	Petersilie
drückt	Olivenöl
100 g Champignons, ge-	Cayennepfeffer, Salz
scheibelt	

In einer großen Bratpfanne sechs Eßlöffel Olivenöl erhitzen. Zwiebel, Champignons, Knoblauch und Tomate darin anziehen lassen. Mit einem Eßlöffel fein gehackter Petersilie überstreuen. Die Eier mit Salz, einer Messerspitze Cayennepfeffer und etwas gehackter Petersilie gut verklopfen und über die Mischung verteilen. Auf ganz kleiner Flamme lassen, bis die Oberfläche erstarrt ist. Wenden und in der Pfanne servieren.

Kartoffeln auf Fischerart

1 kg Kartoffeln, geschält	2 Tomaten, geschält, ent-
und dünn gescheibelt	kernt und gehackt
1 Zwiebel, fein gehackt	Olivenöl
200 g Crevetten, gekocht	Salz, Pfeffer
und geschält	

In einer großen Bratpfanne sechs Eßlöffel Olivenöl erhitzen. Die Zwiebel darin anziehen lassen. Die Kartoffelscheiben zugeben und unter ständigem Wenden leicht anbräunen. Salzen und pfeffern. Die Tomaten einrühren und anziehen lassen. Zwei Deziliter Wasser eingießen, eine halbe Stunde lang zugedeckt auf kleiner Flamme kochen. Dann die Crevetten einmischen, fünf Minuten auf kleiner Flamme lassen und servieren.

Fischtopf katalanisch

800 g Fischfilets (Dorsch, Kabeljau usw.)
500 g Tomaten, geschält, entkernt, dick gescheibelt
2 Zwiebeln, grob gehackt
4 Knoblauchzehen, zerdrückt

1 Peperone, rot, entkernt und gehackt
Mehl
Olivenöl
Salz, Pfeffer

Die Fischfilets werden in Mehl gewendet und in wenig Olivenöl braungebraten. In eine Kasserolle geben: die Hälfte der Tomaten, der Zwiebeln, des Knoblauchs und der Peperone – Salz und Pfeffer – die Fischstücke – den Rest der Gemüse – Salz und Pfeffer – sechs Eßlöffel Olivenöl, ein Deziliter Wasser. Zugedeckt auf ganz kleiner Flamme eine Stunde mehr ziehen als kochen lassen. Mit dunklem Brot servieren.

Scampi im Topf

400 g Scampi, geputzt
1 Zwiebel, fein gehackt
2 Knoblauchzehen
1 Deziliter Sherry, trocken

Cayennepfeffer, Salz
Olivenöl
Petersilie

In einer Kasserolle werden vier Eßlöffel Olivenöl erhitzt. Zwiebel, Knoblauch und einen Eßlöffel fein gehackte Petersilie darin anziehen lassen. Die Scampi zugeben, unter Wenden leicht anbraten. Mit dem Sherry ablöschen und salzen, eine Messerspitze Cayennepfeffer einrühren. Eine Viertelstunde leise kochen lassen. Mit Reis oder Brot servieren.

Fisch mit Champignons katalanisch

800 g Fischfilets
1 Zwiebel, fein gehackt
Olivenöl
400 g Champignons, fein
   scheibelt

1 Knoblauchzehe, zerdrückt
Weißwein
Salz, Pfeffer

Vier Eßlöffel Olivenöl in einer Bratpfanne heißmachen. Zwiebel, Champignons und Knoblauch darin fünf Minuten auf mittlerer Flamme braten. Den Fisch in eine mit Öl ausgestrichene feuerfeste Form geben. Die Champignons über den Fisch verteilen. Einen Deziliter Weißwein, Salz, Pfeffer und zwei Eßlöffel Olivenöl zugeben und in mittelheißem Ofen 20 Minuten backen.

Languste mit Trüffeln

2 Langustenschwänze, ge-
   kocht
1 Knoblauchzehe, zerdrückt
Mehl
6 Trüffeln, fein gehackt

Omelette (Pfannkuchen)-
   Teig, dick
Olivenöl
Cayennepfeffer, Salz

Die Langustenschwänze werden in nicht zu dünne Scheiben geschnitten und in Mehl gewendet. Trüffeln, Knoblauch, eine Prise Cayennepfeffer und Salz im Mörser gut zermahlen und mischen. Den Omelettenteig damit vermengen. Die Langustenscheiben im Omelettenteig drehen und in heißem Olivenöl in der Pfanne goldbraun backen.

Languste katalanisch

2 Langustenschwänze, ge-
  kocht
½ Zwiebel, fein gehackt
4 Tomaten, geschält, ent-
  kernt und gehackt
1 Peperone, rot, entkernt
  und sehr fein gehackt

Petersilie
Sherry
Safran
Olivenöl
Cayennepfeffer
Salz, Pfeffer

Die Langustenschwänze werden in dünne Scheiben geschnitten und in Olivenöl in der Pfanne kurz angebraten.
Herausnehmen, im selben Öl Zwiebel, Tomaten, Peperone
und einen Eßlöffel gehackte Petersilie fünf Minuten dünsten.
Ein Päcklein Safran, eine Prise Cayennepfeffer, Salz, Pfeffer
und zwei Deziliter Sherry gut verrühren. Die Langusten
auf die Gemüse legen, den Sherry darübergießen und zugedeckt auf kleiner Flamme eine halbe Stunde leise kochen.

Paella Valenciana

500 g Reis (Karolina)
1 Langustenschwanz, ge-
  kocht
250 g Muscheln, geputzt
8 Scampi, geputzt
1 Poulet, bratfertig
400 g Schweineschnitzel
4 Chorizos
250 g Erbsen, enthülst
250 g grüne Bohnen, ge-
  putzt

4 Tomaten, geschält, ent-
  kernt und gehackt
2 Peperoni, rot, entkernt,
  grob zerschnitten
Safran
Olivenöl
2 Zwiebeln, fein gehackt
4 Knoblauchzehen, zer-
  drückt
Salz, Pfeffer

Für dieses Gericht benötigt man eine große Bratpfanne, am

besten emailliert. So viel Olivenöl einfüllen, daß der ganze Boden bedeckt ist. Zwiebeln und Knoblauch darin anziehen lassen. Tomaten und Peperoni zugeben, unter Wenden gardünsten. Das zerschnittene Poulet und die Schweineschnitzel (gesalzen, gepfeffert und in Streifen geschnitten) darin anbräunen. Die Chorizos zugeben und allseitig anbraten. Den gewaschenen und gut getrockneten Reis langsam einschütten und unter Wenden auf kleiner Flamme lassen, bis er das Öl aufgesaugt hat. Salz, Pfeffer und heißes Wasser zugeben, zwei Päcklein Safran einrühren und alles auf kleiner Flamme lassen, bis der Reis gar ist. Inzwischen Erbsen und die halbierten Bohnen in Salzwasser weichkochen und warmhalten. Sobald der Reis fast gar ist, Muscheln, Scampi, den in Scheiben geschnittenen Langustenschwanz und die abgetropften Gemüse darauflegen und ohne Rühren heiß werden lassen. In der Pfanne servieren. In Katalonien werden die Zutaten der Paella zu wunderschönen Mustern gelegt, die das Gericht noch appetitlicher machen.

Reis Marina

500 g Reis (Karolina)	2 Lorbeerblätter
1 kg Muscheln, geputzt	Petersilie
4 Tomaten, geschält, entkernt und zerschnitten	Olivenöl
	Weißwein
2 Zwiebeln, grob gehackt	Zimtpulver
2 Knoblauchzehen, zerdrückt	Salz, Pfeffer

In einem geräumigen Topf zwei Deziliter Weißwein, die Zwiebeln, den Knoblauch, die Lorbeerblätter und einen Eßlöffel grob gehackte Petersilie zum Kochen bringen. Zugedeckt fünf Minuten kochen lassen. Dann die Muscheln einlegen und zugedeckt so lange leise kochen, bis sie sich geöffnet haben. Die Lorbeerblätter entfernen, die Flüssigkeit in eine Schüssel gießen, die Muscheln im Topf warmhalten. In einer Kasserolle sechs Eßlöffel Olivenöl heißmachen, den gewaschenen und abgetrockneten Reis einrühren und auf kleiner Flamme unter Rühren das Öl aufsaugen lassen. Die Muschelflüssigkeit samt Zwiebeln usw. einrühren, die Tomaten zugeben, mit einem Teelöffel Zimtpulver mischen und so viel Wasser einfüllen, daß die Flüssigkeit ungefähr doppelt so hoch steht wie der Reis. Salzen und pfeffern. Aufkochen und auf kleiner Flamme unter gelegentlichem Rühren so lange kochen, bis der Reis gar ist. Da das Wasser nicht ausreicht, um den Reis aufzuquellen, gibt man portionenweise halb Wasser, halb Weißwein zu. Sobald der Reis gar ist, die Muscheln auflegen und noch kurz (zugedeckt!) heiß werden lassen.

Kichererbsen-Topf

250 g Kichererbsen	2 Peperoni, rot, entkernt
500 g Schweinefleisch	und gehackt
4 Chorizos	2 Zucchetti, gescheibelt
500 g grüne Bohnen, ge-	500 g Tomaten, geschält,
putzt	entkernt und gehackt
500 g Kartoffeln, geschält,	Weißwein
dick gescheibelt	Safran
2 Zwiebeln, fein gehackt	Cayennepfeffer
4 Knoblauchzehen, zer-	Olivenöl
drückt	Salz, Pfeffer

Die Kichererbsen über Nacht in reichlich Wasser einweichen. Mit leicht gesalzenem, frischem Wasser aufstellen und weichkochen. Abtropfen und warmstellen. Das Schweinefleisch in Streifen schneiden, salzen und pfeffern, in wenig Olivenöl in der Pfanne allseitig braunbraten. In einer großen Kasserolle sechs Eßlöffel Olivenöl heißmachen, Zwiebeln und Knoblauch darin anziehen lassen. Bohnen und Kartoffeln darin andünsten. Zugeben: Peperoni, Tomaten, Zucchetti, gut mischen. Salzen, pfeffern, zwei Deziliter Weißwein und einen Deziliter Wasser eingießen, zum Kochen bringen. Eine Viertelstunde zugedeckt leise kochen. Dann beifügen: das Schweinefleisch, die Chorizos, die Kichererbsen, ein Päcklein Safran, eine Messerspitze Cayennepfeffer. So lange zugedeckt auf kleiner Flamme lassen, bis die Gemüse gar sind. Nötigenfalls noch etwas Weißwein zugeben, falls die Flüssigkeit zu rasch verdunstet.

Fleischtopf à la Murcia

600 g mageres Rindfleisch, gewürfelt	2 Lauchstengel, fingerlang zerschnitten
100 g Speck, in Streifen geschnitten	200 g Reis (Karolina)
	Weißwein
4 Tomaten, geschält, entkernt und gehackt	Olivenöl
	Thymian
2 Zwiebeln, grob gehackt	Kümmel
4 Knoblauchzehen, zerdrückt	Nelkenpulver
	Salz, Pfeffer
4 Karotten, gescheibelt	

In einer Kasserolle vier Eßlöffel Olivenöl heißmachen und das Fleisch allseitig darin braunbraten. Speck, Tomaten, Zwiebeln, Knoblauch, Karotten und Lauch zugeben, gut vermischen. Mit einem Deziliter Wasser und drei Dezilitern Weißwein ablöschen. Salzen und pfeffern, einen Teelöffel Thymian, eine Prise Kümmel und eine Messerspitze Nelken-

pulver einrühren. Anderthalb Stunden lang auf kleiner Flamme zugedeckt leise kochen lassen. Dann den gewaschenen Reis einstreuen, verrühren und noch so viel Wasser zugeben, wie er benötigt, um gar zu werden. Nötigenfalls Wasser in kleinen Portionen nachfüllen. Sobald der Reis gerade weich geworden ist, noch einen Löffel Olivenöl aufgießen und servieren.

Huhn in Sherry

1 Poulet, geputzt und zerlegt	4 Schalotten, fein gehackt
	Bouillon
200 g Nudeln	Estragon
4 Trüffeln	Butter
Sherry	Salz, Pfeffer

Das Pouletfleisch wird mit Salz und Pfeffer eingerieben und in 50 g Butter in einer Kasserolle allseitig goldgelb gebraten. Es soll nahezu gar sein. Zugeben: die Schalotten, eine Messerspitze Estragon, zwei Deziliter Sherry. Aufkochen und zugedeckt zehn Minuten leise kochen lassen. Dann zugeben: die ganz dünn gescheibelten Trüffeln, leicht anziehen lassen; dann einen halben Liter Bouillon eingießen. Zum Kochen bringen, die Nudeln einlegen und offen auf mittlerer Flamme kochen, bis die Nudeln gerade weich sind. Die Flüssigkeit sollte nahezu verdunstet sein; nötigenfalls Flamme größer stellen.

Pilztopf mit Kichererbsen

250 g Kichererbsen	1 Zwiebel, fein gehackt
500 g Pilze (keine Eier-	1 Knoblauchzehe, zer-
schwämme = Pfifferlinge)	drückt
250 g Reis (Karolina)	Olivenöl
200 g Speck, streifig ge-	Weißwein
schnitten	Zimtpulver
2 Chorizos	Salz, Pfeffer

Die Kichererbsen über Nacht in reichlich Wasser einweichen. In leicht gesalzenem Wasser weichkochen. Abtropfen und warmstellen. In einer Kasserolle vier Eßlöffel Olivenöl erhitzen, Zwiebel und Knoblauch darin anziehen lassen. Den Speck und die mundgerecht geschnittenen Pilze fünf Minuten unter gelegentlichem Rühren darin dünsten. Den gut gewaschenen Reis einrühren. Zwei Deziliter Weißwein und drei Deziliter Wasser eingießen, salzen und pfeffern, einen Teelöffel Zimtpulver einrühren. Zum Kochen bringen. Die in Stücke geschnittenen Chorizos auflegen und zugedeckt leise kochen, bis der Reis fast gar ist. Die Kichererbsen einmischen und fertigkochen. Nötigenfalls in kleinen Portionen halb Wasser, halb Weißwein zugeben, damit der Reis genügend Flüssigkeit hat.

Kartoffeln katalanisch

1 kg Kartoffeln, geschält	1 Knoblauchzehe, zer-
und dick gescheibelt	drückt
2 Peperoni, rot, entkernt	Olivenöl
und gehackt	Thymian
2 Zwiebeln, fein gehackt	Salz, Pfeffer

In einer Kasserolle vier Eßlöffel Olivenöl, die Zwiebeln,

den Knoblauch und die Peperoni anziehen lassen. Die Kartoffeln zugeben, gut vermengen, salzen und pfeffern. Zwei Eßlöffel Wasser einfüllen und zugedeckt auf kleiner Flamme nahezu gardünsten. Nötigenfalls ganz wenig Wasser zugeben. Eine Messerspitze Thymian aufstreuen, vermengen und garkochen.

Artischockenherzen in Weißwein

12 Artischockenherzen (aus der Büchse)	1 Zwiebel, fein gehackt Weißwein
100 g Schinken, fein gewürfelt	Olivenöl Petersilie
2 Knoblauchzehen, zerdrückt	Salz, Pfeffer

In einer Kasserolle vier Eßlöffel Olivenöl, Zwiebel und Knoblauch, einen Eßlöffel grob gehackte Petersilie und den Schinken anziehen lassen. Mit zwei Dezilitern Weißwein ablöschen, aufkochen. Salzen und pfeffern. Zehn Minuten zugedeckt leise kochen. Die abgetropften Artischockenherzen in die Kasserolle stellen und fünf Minuten mitkochen. Etwas gehackte Petersilie aufstreuen und servieren.

Hirtentopf

200 g Kichererbsen	1 Peperone, rot, entkernt, gehackt
500 g Maiskörner (aus der Büchse)	2 Tomaten, geschält, entkernt und gehackt
2 Zwiebeln, dünn gescheibelt	Olivenöl
2 Knoblauchzehen, zerdrückt	Majoran Salz, Pfeffer

Die Kichererbsen über Nacht einweichen. In leichtem Salzwasser weichkochen und abtropfen lassen. Die Maiskörner
abtropfen. In einer Kasserolle vier Eßlöffel Olivenöl erhitzen,
Zwiebeln, Knoblauch und Peperoni darin anziehen lassen.
Die Tomaten zugeben, einen Teelöffel Majoran darüber verteilen, salzen und pfeffern, zwei Deziliter Wasser eingießen
und eine Viertelstunde auf kleiner Flamme leise kochen.
Dann Mais und Kichererbsen einrühren, fünf Minuten mitkochen und servieren.

Churros

An der spanischen Mittelmeerküste duftet es morgens und
abends gar köstlich nach Fettgebackenem: nach Churros.
Das sind spiralförmige Spritzkuchen, die auf der Straße in
großen Pfannen mit heißem Fett über Holzkohlenfeuern
gebacken werden. Die Sache sieht sehr romantisch aus, weil
nämlich der Teig der Küchlein aus einer großen Holzspritze
ins Fett gepreßt wird; diese Spritze erinnert an allerlei, nur
nicht an süße Küchlein. Es ist durchaus möglich, Churros
auch hierzulande zu backen. Die Stelle der Spritze kann ein
genügend großer Dressiersack einnehmen, und für die Rie-
senpfanne («Churrero» genannt) tut's auch eine Bratpfanne
oder eine möglichst weite Kasserolle. Es genügt, wenn das
Öl etwa drei Zentimeter hoch darin steht. Am besten ist
natürlich Olivenöl, wobei man nicht die teuerste Qualität
«extra vierge» verwendet, sondern ein etwas billigeres Öl.
Man kann Churros aber auch in Schweinefett oder einem
anderen guten Backfett zubereiten. Es muß aber recht heiß
sein – und das macht die Sache gefährlich. Auf jeden Fall
halte man einen zum Backgefäß passenden Deckel und einen
soliden Topflappen bereit, damit man den Topf zudecken

kann, falls das Fett Feuer fängt. Um Himmelswillen nicht etwa mit Wasser löschen wollen! Das macht die Sache nur noch ärger und bringt das Fett dazu, in der halben Küche herumzuspritzen. Wer einen Grill und einen Garten besitzt, kann Churros dort backen. Das ist sicherer und verhindert auch den lange anhaltenden Fettgeruch in der Küche. Doch nun ans Werk!

500 g Mehl	Backfett oder -öl
Backpulver, für die Menge ausreichend	Puderzucker
Salz	Zimtpulver (nach Wunsch)

Mehl, Backpulver und eine Prise Salz vermischen. Langsam Wasser einmengen, daß ein nicht zu dicker Teig entsteht. Eine Viertelstunde ziehen lassen. Das Backfett rauchend heiß erhitzen. Churro-Teig spiralförmig hineinspritzen – die Experten sind sich nicht darüber einig, ob man in der Mitte beginnen soll oder am Rand. Wichtig ist auf jeden Fall, daß man den ganzen Teig in einem Zug ins Fett spritzt. Nur so lange backen, bis die Churros goldbraun sind. Herausnehmen, auf Küchenpapier entfetten, mit Zucker (nach Wunsch auch mit Zimt) bestreuen, mit der Schere in handliche Stücke schneiden und heiß genießen.

Provence

Töpfe zwischen Schiffen und Schafen

Es ist schon eine stattliche Zahl von Jahren vergangen, da kaufte ich eines Tages einen jener grünen Bände, die mir schon lange das Problem vorlegen: lebt die Firma Michelin in Clermont-Ferrand eigentlich vom Verkauf dieser Reiseführer und stellt sie so nebenher auch noch Autoreifen her – oder ist's umgekehrt? Der grüne Band war der Guide «Provence», und ihm war eine Touristenkarte beigegeben, die von Montélimar bis Marseille reichte.

Das Studium dieses Reiseführers, mit seinen vielen malerischen Federzeichnungen und spannenden Stadtplänen, seiner kunsthistorischen Übersicht und seinen Angaben «vaut le voyage» oder «saisissante évocation du Moyen Age», brachte mich zur Überzeugung: die Provence mußt du besuchen! Die Touristenkarte wiederum zeigte mir, daß von Montélimar (Meereshöhe 81 Meter) bis Saintes-Maries-de-la-Mer (Meereshöhe 1 Meter) die Straße unentwegt abwärts geht. Daß sich diese Senkung von 80 Metern allerdings auf eine Distanz von 160 Kilometer verteilt, so daß man pro Kilometer Straße höchstens 50 Zentimeter bergab fahren kann, entging meinem enthusiastischen Auge damals. Und daß dazwischen ganz ansehnliche Hügel liegen, entging mir auch. Jedenfalls waren meine Begeisterung und meine Unkenntnis so groß, daß es mir gelang, drei Freunde zu überreden, mit mir per Fahrrad in die Provence zu reisen. Beziehungsweise mit der Eisenbahn ans nördliche Ende der Provence zu fahren und dann mit dem Fahrrad von dort südwärts zu gondeln. «Es geht immer abwärts», sagte ich mit Blick auf die Karte; «man braucht überhaupt nicht zu treten. Höchstens bremsen muß man!»

Die Wirklichkeit war anders. Als wir am Nordrand der Provence angekommen waren, dachte die Straße gar nicht daran, vor unseren Blicken stetig in die Tiefe zu führen. Sie stieg vielmehr bedenklich an. Außerdem wehte ein kräftiger Wind von Süden her, der uns sogar auf ebenen Strecken zwang, wacker in die Pedale zu treten. Dazu kam noch, daß die Sonne es leichthin fertigbrachte, im Schatten 35 Grad zu erzeugen und auf der schattenlosen Straße noch wesentlich mehr. Jedenfalls war es so, daß wir für die ersten 40 Kilometer angeblicher Bergabfahrt ganze zwei Tage brauchten, während derer wir zahllose Liter eisgekühlter Getränke vertilgten, vorwiegend Menthe à l'eau, was giftgrüner Pfefferminz-Sirup ist. Schließlich rollten wir gegen Abend in Orange ein und fielen vor einem kleinen Restaurant müde und erschöpft aus den Sätteln. Das Unternehmen hieß «Restaurant Provençal», und da wir inzwischen die aus Ersparnisgründen von zu Hause mitgebrachten Würfelsuppen und Fleischkonserven aufgegessen hatten, beschlossen wir, außer Menthe à l'eau in diesem gastlichen Hause auch noch etwas Eßbares zu konsumieren. Wir ließen uns die handgeschriebene Speisekarte reichen, suchten die billigsten Preise aus und bestellten. Zweimal Aubergines à la Provençale, zweimal Fischsuppe à la Provençale. Und dann erwarteten wir Weltbewegendes in unseren Tellern.

Zunächst kam ein Liter Wein. Der war damals selbst im billigsten Preis mit inbegriffen. Es war ein Roter, gut gekühlt. Dann kam ein Korb voll frischem Weißbrot, ebenfalls inbegriffen. Daraufhin geschah längere Zeit nichts, außer daß wir Brot und Wein genossen und eine Diskussion darüber führten, wie sinnlos die heimische Regel war, Rotwein nur mit Zimmertemperatur trinken zu dürfen. Es kam eben, dachten wir, ganz darauf an, wo man was mit wem tat. Inzwischen duftete es quer durchs Lokal aus der Küche gar appetiterregend, wenn auch ungewohnt. Und dann kam die Fischsuppe. Eine riesige Schüssel voll. Zu unserer Überraschung schwammen in ihr nicht etwa Fische, sondern dünne Fadennudeln. Außerdem aß man sie mit geriebenem Käse. Als zweites kamen die Aubergines. Ich hatte wunder weiß was erwartet – aber was da vor uns stand, war eine Platte voll dünner Scheiben kräftig gebratener Aubergines, bestreut mit Paniermehl, Tomatenfleisch und Knoblauchstücklein, das Ganze mit viel Olivenöl zubereitet. Aber Suppe und Aubergines schmeckten hinreißend gut, und Wein und Brot machten daraus ein Festessen.

Von diesem Abend an datiert meine Liebe zur Küche der Provence. Ihren nächsten Höhepunkt erklomm sie, als ich zum erstenmal Aioli aß. Das Rezept für diese Knoblauchsauce hatte ich schon lange zuvor gelesen, denn der unvergleichliche Schilderer der Provence, der Basler Marcel Pobé, hatte es in sein Buch «Vom Zauber der Provence» aufgenommen. Auch er war übrigens mit dem Fahrrad durch sie gezogen... Und seither gab es in dieser Liebe überhaupt nur Höhepunkte.

Die Küche jedes Landes ist das Ergebnis seiner historischen Entwicklung. Alles, was geschah, hinterließ seine Erinnerungen auch in den Kochtöpfen, und das Beste von allem blieb am lebendigsten. Da hatte die Provence nun allerdings besonders Glück. Die alten Griechen waren ihre ersten systematischen Besiedler und Kulturbringer. Ihr Handelshafen Massilia blühte und gedieh schon, als die Römer es noch nicht einmal für nötig hielten, ihre eigene Geschichte aufzuschreiben, und als die Griechen zu Hause noch schwarzfigurige Vasen malten und archaische Statuen schufen. Marseille, wie die Stadt heute heißt, kann auf über 2600 Jahre ununterbrochener Geschichte zurückblicken. Daß trotz des griechischen Ursprungs die Bewohner Marseilles ihre Söhne nicht Odysseus taufen oder Themistokles, sondern vorwiegend Marius, hat einen besonderen Grund. Als die Stadt bereits mit den Römern verbündet war, erschienen eines Tages in großen Scharen Wohnwagen aus dem Norden, angefüllt mit barbarischen Familien, die es für richtig hielten, der Kälte ihrer Heimat zu entfliehen und die Sonne der Provence aufzusuchen. Genauso also, wie auch heute ganze Horden von Wohnwagenbesitzern jeden Sommer die Provence überfallen. Damals freilich war der Tourismus noch nicht erfunden, und die herbeigewanderten Barbaren – Teutonen hießen sie – wurden nicht auf unzähligen Zeltplätzen um Hab und Gut gebracht, sondern im Jahre 102 v. Chr. vom römischen Heerführer Marius ums Leben. Verglichen mit den heute in die Provence reisenden Horden war die Zahl der Teutonen klein – etwa 200 000 waren es insgesamt, von denen die Hälfte das Leben und die andere Hälfte die Freiheit verlor. Der Bergzug, in dessen Nähe die Schlacht stattfand, liegt östlich von Aix und heißt Montagne Sainte-Victoire. Er ist mehr dadurch bekannt, daß Paul Cézanne dort lebte, als daß die Teutonen dort starben. Der Pinsel ist eben stärker als das Schwert. Der Name des Generals Marius lebt aber dennoch in ungezählten Marseillais weiter.

Alles, was Namen in der Geschichte hat, strömte mindestens einmal durch die Provence und hinterließ Erinnerungen auch in deren Töpfen. Auf die Römer folgten Goten (östlicher und westlicher Observanz), Vandalen und Burgunder, Franken und Araber. Mit Lothringen war die Provence verbunden, mit dem Heiligen Römischen Reich Deutscher Nation, mit Anjou und schließlich mit dem Königreich Frankreich. Von überallher strömten nebst den Völkerscharen auch Kochrezepte in das Land am Unterlauf der Rhone. Sogar mit Holland bestanden Beziehungen – Orange ist eines der Stammländer des niederländischen Königshauses. Jedoch verzichteten die Bewohner von Orange weise darauf, die holländische Begeisterung für rohe Heringe zu übernehmen, und führten Heringe überhaupt erst in neuester Zeit in den Selbstbedienungsläden ein, damit nordische Gäste auf ihre heimatliche Nahrung nicht zu verzichten brauchen. Man weiß ja: Pellkartoffeln mit Hering in Meerrettichtunke...

Am stärksten aber erwiesen sich in der Provence die Einflüsse der beiden großen Dominanten der Landschaft selber – der duftenden Schafweiden und des Meeres. Die klassischen Gerichte der Provence teilen sich in die Speisen von Hirten und Bauern einerseits, in die der Fischer andrerseits. Zwei der ältesten und typischsten der provençalischen Speisen sind Beispiele dafür: Bœuf en Daube – und Bouillabaisse.

Bœuf en Daube ist ein typisches Gericht für Leute, die Zeit haben – also für Hirten und Bauern. Es besteht vor allem aus einem irdenen Topf, der über einem kleinen Feuer aus Holzkohlen oder Leseholz steht und gute fünf Stunden lang ein paar Gemüse, Ochsenfleisch und Speck in sich garwerden sieht. Man kann die Daube aufs Feuer stellen, bevor man zur Arbeit aufs Land geht, oder man kann sie zubereiten, während man auf seine Schafe aufpaßt. Sie ist so anspruchslos, daß sie einen während Stunden nicht benötigt, und auf eine halbe Stunde mehr kommt es in der Kochzeit auch nicht an.

Ganz anders die Bouillabaisse. Ihr Name ist eigentlich eine Irreführung, denn er bedeutet: auf kleinem Feuer Gekochtes. Das ist nun aber genau das, was eine Bouillabaisse nicht ist. Sie stellt vielmehr eine typische Speise dar für Leute, die nicht lange Zeit zum Kochen haben. Für Fischer also, die ihren Fang möglichst frisch nach Hause bringen wollen. Oder für Fischersfrauen, die aus den Fischen etwas Gutes kochen möchten, bevor die in der Hitze verdorben sind. Die Kochzeit einer Bouillabaisse berechnet sich nach Minuten, nicht nach Stunden, und das Feuer muß lodernd und heftig sein. Wann man die verschiedenen Fische in den Topf gibt – mindestens acht Arten sind für eine richtige Bouillabaisse nötig! – ist eine Wissenschaft, über die man in Fischerkreisen der Provence stundenlang diskutieren kann. Auch die Streitfrage «Kartoffeln oder keine Kartoffeln in der Bouillabaisse» hat schon mehr Gemüter erhitzt als die Politik der Regierung in Paris, die ohnehin weit weg ist.

Fischer und Hirten – Schiffe und Schafe – bestimmen die Küche der Provence. Was die Hirten kochen, läßt sich bei uns auch zubereiten. Anders das, was in den Töpfen der Fischer entsteht. Eine Bouillabaisse braucht als Bestandteile ganz bestimmte Arten von Fischen, die es nur in den Felsen der Mittelmeerküste gibt. Und diese Fische müssen erst noch frisch aus dem Wasser gezogen sein, damit sie genau den richtigen Geschmack und Geruch haben. Man kann sie natürlich tiefkühlen, diese Fische. Aber dann schmecken sie anders. Das macht es völlig unmöglich, in unseren Gegenden eine Bouillabaisse zu kochen, die diesen Namen verdient. Was auch immer man versucht – eine Fischsuppe wird's schon. Aber eine Bouillabaisse? Nimmermehr. Deshalb müssen wir, blutenden Herzens freilich, darauf verzichten, dieses wohl bekannteste aller provençalischen Gerichte in unsere Rezeptsammlung aufzunehmen. Das werden vor allem die schweizerischen Leser verstehen, die ja wissen: eine Fondue kann man auch nur kochen, wenn man den richtigen Wein und den richtigen Käse dazu hat. Aus Edamer und Pfälzer Riesling-Sylvaner gibt's zwar schon eine Käsebrühe, aber keine Waadtländer Fondue...

Eines hat die Herkunft von Bauern, Hirten und Fischern der provençalischen Küche mitgegeben: sie ist einfach. Man lernt sie rasch, man benötigt sozusagen keine ausgefallenen Zutaten oder Geräte für sie, ihre Technik ist die Einfachheit selber. Dafür kommt es bei ihr um so mehr auf das Würzen an. Die provençalischen Gerichte werden überhaupt nicht gewürzt – sie werden parfümiert! In der Provence spricht man nicht von Würzkräutern, sondern von «Aromates». Das sind jene Kräuter und Sträucher, die den Weiden der Provence ihren unvergleichlichen Duft verleihen, und die – zu Milch und Käse geworden – die Schar der Ziegen- und Schafkäse parfümieren, welche kaum je den Weg in den Norden finden. In der provençalischen Küche ist es nicht nur erlaubt, sondern sogar üblich, diese «Aromates» in getrocknetem Zustande zu verwenden. Das hat seinen Grund darin, daß sie von der Sonne und dem Wind auch dort, wo sie wachsen, fast schon getrocknet werden.

Hier ist aber ein Wort über getrocknete Würzkräuter am Platze. Ich glaube nicht, daß es einer Hausfrau einfallen würde, ihre kostbaren Parfüms offen herumstehen zu lassen, so daß sie nicht nur in kurzer Zeit ihren Duft verlieren, sondern zuvor auch noch den Geruch der neben ihnen stehenden Parfüms annehmen. So daß in Kürze ein Einheitsparfüm entsteht, das weder Chanel noch Dior ist. Wie aber macht's manche Hausfrau mit ihren Gewürzen? Die liegen in Papiertütlein in irgendeiner Schublade, die Nelken neben dem Majoran, die Muskatnuß neben dem Rosmarin, der Zimt unter dem Thymian, und daneben liegt womöglich noch ein Stück Hundeseife mit hygienischem Teergeruch. Was da aus den Gewürzen wird, merkt man, wenn sie verwendet werden. Nämlich ein Kombinationsduft, der an das Innere eines Reformhauses an einem heißen Augusttag erinnert.

Es ist heute schon etwas besser geworden, weil Firmen, die ihre Gewürze mit Verstand verkaufen, sie in kleine Glasfläschlein mit Schraubdeckeln abfüllen. Manche dieser Fläschlein sind aber von technisch begabten Männern zu einer derartigen Stufe mechanischer Vollkommenheit hochgezüchtet worden, daß nur andere technisch begabte Männer mit ihnen fertig werden – nicht aber arglose Hausfrauen. Deshalb bleiben diese Fläschlein meist offen stehen, und damit ist die Situation nicht viel besser, als wenn die Gewürze in Papiertüten abgefüllt wären. Mein Rat lautet daher: Bevor Sie die Gewürze anwenden lernen, liebe Hausfrauen, lernen Sie bitte mit den Fläschlein richtig umzugehen! Und wenn Sie gar Ihre Gewürze noch in Papiertüten haben, so tun Sie bitte das einzig Richtige: Werfen Sie die alle weg und kaufen Sie Gewürze in Gläslein! Und zwar in solchen, die einen soliden Schraubdeckel besitzen. Nicht irgendeine andere Art von Deckel, oder gar einen Schiebe- oder Drehverschluß. Denn diese Patentbehälter läßt man totsicher in der Eile offen – und dann ist das Unheil da.

Wie alle Mittelmeergerichte, verlangen die Speisen der Provence auf dem Tisch nach zwei wichtigen Ergänzungen. Wir haben sie schon erwähnt: Es sind Brot und Wein. Brot ist eine der Katastrophen unseres Jahrhunderts. Es ist das Lebensmittel, das in wenigen Jahrzehnten vom Genuß zur Strafe wurde.

Nicht in der Provence. Da gibt es bis ins kleinste Dorf einen Bäcker, der seinen Lebensinhalt darin sieht, jeden Morgen und manchmal auch jeden Nachmittag seinen Kunden knusprige Laibe von schneeweißem Brot mit krachender Rinde vorzulegen. In manchen extremen Fällen bäckt er noch eine zweite Sorte Brot, die nicht aus Weizen, sondern aus Roggen besteht. Sie hat den Vorteil, sich etwas länger frisch zu halten, und zu einigen Käsesorten der Gegend schmeckt sie sogar besser.

Bei uns aber? Falls das Brot überhaupt noch vom Bäcker gebacken wird, muß er seinen Kunden selbst in den allerbescheidensten Umständen mindestens vier verschiedene Brotsorten anbieten. Das verlangt von ihm ein Mehrfaches an Arbeit, und deshalb sieht er seinen Lebenszweck notgedrungen darin, rechtzeitig mit dieser Arbeit fertigzuwerden. Was darunter leidet, ist die Qualität des Brotes. Daß es richtiges Weißbrot bei uns überhaupt nicht gibt, kommt ferner noch daher, daß das Mehl bei uns aus unerfindlichen Gründen anders gemahlen wird – und deshalb kann man kein knuspriges, leichtes Weißbrot daraus backen, selbst wenn man sich genau an die Vorschriften eines provençalischen Bäckers hielte.

Viel schlimmer aber ist die Folge dieser Entwicklung. Da die Bäcker mit ihrer strengen Arbeit kaum fertig werden, da Brot – oder was wir dafür halten – aber noch immer ein wichtiges Nahrungsmittel ist, muß der Bedarf anderweitig gedeckt werden. So entstehen Brotfabriken, mit den modernsten Maschinen für Massenproduktion, rationellen Packverfahren und einem ausgeklügelten Transportsystem über manchmal Hunderte von Kilometern. Als Fabriken

unterstehen sie strengen Gesetzen über Arbeitszeit, Sozial-
leistungen und Altersrenten – und die schaffen ein viel an-
genehmeres Arbeitsklima, als es in den kleinen Bäckereien
herrschen kann. Immer mehr Bäcker wandern daher in die
Fabriken ab, und immer mehr muß der Brotbedarf mit
Fabrikware gedeckt werden. Die Brotfabriken können es
sich auch leisten, ihre Produktionskraft voll auszunützen,
indem sie ein paar Dutzend verschiedener Spezialbrote herstellen und vertreiben. Die Supermarkets und Warenhäuser,
die solche Massenbrote verkaufen, wimmeln daher von den
verschiedensten und ausgefallensten Brotsorten mit den ap-
petitanregendsten Namen. Sie führen auch jene Brotsorten,
die so typische Kinder des Aberglaubens unserer ach so wis-
senschaftlichen Zeit sind. Eine ganze Reihe von Aposteln
wollen nämlich herausgefunden haben, daß viele schwere
Krankheiten des Menschen dadurch verhindert oder geheilt
werden können, daß man den Anteil von Kleie im Brot er-
höht. Oder dadurch, daß man das Mehl weniger fein mahlt.
Oder dadurch, daß man Brotsorten ißt, die ohne einen solchen Anreiz höchstens als Viehfutter verwendet werden.
Diese sogenannten «Gesundheitsbrote» erweitern das Sorti-
ment um ein paar Dutzend weiterer Sorten. Und sie alle,
alle werden dem Konsumenten angeboten. Er steht täglich
vor Regalen von Broten, auf denen alles liegt, was er sich
nur vorstellen kann. Ausgenommen gutes, einfaches, frisches, knuspriges Weißbrot. Ausgenommen das Brot, wie
es zu einem provençalischen Gericht unbedingt als Beilage
gehört.

Wenn Sie also Brot zu ihren Speisen «à la provençale» reichen, so müssen Sie einen Kompromiß auf sich nehmen.
Kaufen Sie dieses Brot nicht im Supermarkt. Kaufen Sie es
nicht im Warenhaus. Kaufen Sie es bei einem richtigen

Bäcker, und unterhalten Sie sich mit der Bäckersfrau oder gar mit dem Bäcker selber. Sagen Sie, daß Sie frisch gebackenes Weißbrot haben möchten. Nichts anderes. Vielleicht bekommen Sie's. Wenn nicht – es gibt ja noch andere Bäcker, hoffentlich. Manchmal aber erleben Sie ein Wunder. Es soll nämlich vorkommen, daß Bäcker für sich und ihre Familie noch ganz einfaches, richtiges Brot backen! Vielleicht können Sie an diesem Wunder teilnehmen.

Apropos: Man kann Brot auch im eigenen Ofen backen. Haben Sie das schon einmal probiert? In ganz alten Kochbüchern findet man Rezepte dazu. Selbstgebackenes Brot, aus Weißmehl und Hefe, schmeckt immer noch viel besser als die Plastikschwämme aus der Brotabteilung der Detailgeschäfte der Industriegesellschaft...

Mit dem Wein haben wir aber Glück. Zu jedem Essen schmeckt am besten der Wein, der aus der selben Gegend stammt wie das Gericht. Lassen Sie sich nicht von dummen Sprüchen wie «Dieser Wein verträgt die Reise nicht» ins Bockshorn jagen. Trinken Sie – falls Sie Wein trinken – zu provençalischen Gerichten auch provençalischen Wein. Dank der Tüchtigkeit französischer Weinhändler ist er heute schon in ganz Mitteleuropa zu haben. Aber wählen Sie richtig! Wein aus Châteauneuf-du-Pape ist provençalischer Wein; natürlich ist er das. Aber er paßt nur zu den allervornehmsten Gerichten der Provence, denn er ist zu schwer, zu kräftig und zu teuer. Man trinkt ja in der Schweiz auch keinen Hermitage zum Wurstsalat und in Deutschland keinen Schloß Johannisberg Kabinettabzug zur Bockwurst. Wählen Sie daher einen der leichteren provençalischen Weine. Einen Côte de Provence. Einen einfachen Côte du Rhône. Einen Gigondas. Einen einfachen Tavel. Oder trinken Sie einen der Weine aus der benachbarten

Provinz Languedoc: St-Georges du Hérault, einen Miner-
vois, einen Corbières. Oder, wenn's nicht anders geht, einen
Algerier oder Marokkaner. Und schrecken Sie nicht davor
zurück, einen einfachen Wein an einem heißen Tag kühl
zu trinken! Wenn Sie statt einem Rotwein einen jener angenehm milden, rötlichen Rosés gewählt haben, können Sie
den sogar eiskalt trinken. Als wär's Champagner.

Rezepte

Aigo-Saou – Fischtopf

1 kg Meerfische	1 Handvoll Selleriestengel
500 g Kartoffeln	und -blätter
4 Tomaten	2 Lorbeerblätter
1 Zwiebel	Olivenöl
4 Knoblauchzehen	Fenchel
1 Büschel Petersilie	Salz, Pfeffer

Für dieses einfache Fischergericht braucht man Meerfische
mit weißem Fleisch, die nicht rasch verkochen. Es eignen
sich: Dorsch, Kabeljau, Goldbarsch, Flundern, die alle tiefgekühlt erhältlich sind.
In eine Kasserolle gibt man die geputzten und in große Stücke
geschnittenen Fische, die feingehackte Zwiebel, die gehackten Tomaten (geschält und entkernt), die zerdrückten Knoblauchzehen, die feingehackte Petersilie und die ebenso zerkleinerten Selleriestücke, Salz und Pfeffer, ein paar Fenchel-
körner (oder einen Eßlöffel gehacktes Fenchelkraut), die
Lorbeerblätter, vier Eßlöffel Olivenöl und anderthalb Liter
Wasser. Auf kleiner Flamme warm werden lassen und dann
die geschälten und geviertelten Kartoffeln zugeben. Zum

Kochen bringen und zugedeckt so lange auf kleiner Flamme lassen, bis die Kartoffeln gar sind – sie brauchen am längsten. Die Suppe abschmecken und in heißen Tellern anrichten, in die man je ein Stück geröstetes Brot gegeben hat. Wenn die Suppe gegessen ist, serviert man Fische und Kartoffeln. Dazu reicht man eine Sauce, die den schönen Namen «Rost» trägt, weil sie nahezu dessen Farbe besitzt. Sie geht folgendermaßen:

«Rouille» – Rostsauce

2 Knoblauchzehen	Weißbrot
½ Peperone, rot	Cayennepfeffer
Olivenöl	Salz, Pfeffer

Den Knoblauch und die kleingeschnittene Peperone im Mörser zu Brei stampfen. Salz und Pfeffer, eine Messerspitze Cayennepfeffer, eine in Wasser oder Milch eingeweichte Scheibe Weißbrot (ohne Kruste) damit verrühren und dann unter ständigem Rühren vier Eßlöffel Olivenöl daruntermischen. Die Sauce läßt sich auch im Mixer verarbeiten, wobei man einfach sämtliche Zutaten zusammen hineingibt und zu einer dicklichen Creme mischt.

Knoblauchsuppe

8 Knoblauchzehen, geschält	Thymian
2 Eigelb	Olivenöl
Salbei	Salz, Pfeffer
Lorbeerblatt	

Die Knoblauchzehen werden zerdrückt und mit einem Lorbeerblatt, einer Messerspitze Thymian, einem Mokkalöffel Salbei, Salz und Pfeffer nach Geschmack sowie einem Liter kaltem Wasser aufgesetzt, zum Kochen gebracht und zehn Minuten auf kleiner Flamme zugedeckt am leisen Kochen gehalten. In einer handwarmen Suppenschüssel die beiden Eigelb mit dem Schneebesen schaumig schlagen. Unter ständigem Schlagen eine Kelle Suppe langsam zugeben und dann den Rest der Suppe durch ein Sieb einfüllen. Dabei gut rühren! Auf die Suppe zwei Eßlöffel Olivenöl geben. Man stellt für diese Suppe kleine, angewärmte Tassen auf.

Soupe au Pistou - Basilikumsuppe

1 Handvoll grüne Bohnen, kurz geschnitten
1 Handvoll weiße Bohnen (gargekocht)
4 Kartoffeln, geschält und gewürfelt
1 Handvoll Suppennüdelchen (Fideli)
2 Karotten, geputzt und gewürfelt
1 Handvoll frisches Basilikum
1 Zucchetto, dünn gescheibelt
4 Knoblauchzehen
Olivenöl
4 Tomaten, geschält, entkernt und gehackt
Parmesan, gerieben
Salz, Pfeffer

In eine geräumige Kasserolle zwei Eßlöffel Olivenöl geben, warm werden lassen und die grünen und weißen Bohnen, die Karotten und Kartoffeln gut damit verrühren. Ein paar Minuten auf kleiner Flamme ziehen lassen. Dann anderthalb Liter Wasser zugeben und zum Kochen bringen. Salzen und pfeffern. Eine Viertelstunde leise kochen lassen. Dann zugeben: die Zucchettischeibchen. Nach einer weiteren Viertelstunde Tomaten und Suppennüdelchen beifügen. Inzwischen in einem Mörser die zerdrückten Knoblauchzehen und das kleingehackte Basilikum zu einer Paste verreiben. Sechs Eßlöffel Olivenöl einmischen und dann mit so viel geriebenem Parmesan verrühren, daß eine dickliche Sauce entsteht. Sie wird unmittelbar vor dem Servieren mit der fertigen Suppe verrührt. Die Sauce läßt sich auch im Mixer zubereiten, wobei man Knoblauch, Basilikum und Öl zusammen einfüllt und erst in die fertige Mischung von Hand den Käse einrührt.

Muschelsuppe

500 Gramm Moules (Miesmuscheln), geputzt	Weißwein, trocken
	Karolinareis
1 Zwiebel	Olivenöl
2 Knoblauchzehen, zerdrückt	Safran
	Origano
2 Tomaten, geschält, entkernt und gehackt	Salz, Pfeffer

In einen geräumigen Topf gibt man zwei Deziliter Weißwein, läßt ihn kochend werden und gibt die Muscheln hinzu. Zugedeckt auf großem Feuer lassen, bis sie sich geöffnet haben. In einem Suppentopf läßt man die feingehackte Zwiebel in vier Eßlöffel Olivenöl glasig werden. Zugeben: die Tomaten, den Knoblauch, die Flüssigkeit aus dem Muscheltopf, einen Liter Wasser, Salz und Pfeffer, ein Päcklein Safran, eine Messerspitze Origano. Zum Kochen bringen und eine Handvoll gut gewaschenen Reis einstreuen. Sobald der Reis gar ist, die Muscheln zugeben, noch eine Minute auf großer Flamme lassen und dann servieren. Die Suppe schmeckt noch besser, wenn man vor dem Anrichten einen Eßlöffel Olivenöl auf der Oberfläche verteilt.

Knoblauchsauce

4 Knoblauchzehen, zer- drückt	Olivenöl
2 Eigelb	Zitrone
	Salz, Pfeffer

Die zerdrückten Knoblauchzehen werden im Mörser mit etwas Salz und Pfeffer zu einer Creme gerieben. Die beiden Eigelb untermischen und gut mit dem Knoblauch verrühren. Tropfenweise unter Reiben Olivenöl einmischen, bis eine dickliche Sauce entstanden ist. Dann erst den Saft eines Zitronenviertels langsam einmischen. Sollte die Sauce nicht richtig cremig werden, gibt man einen Kaffeelöffel lauwarmes Wasser zu und rührt pausenlos weiter.

Diese Knoblauchsauce gelingt am besten, wenn alle Zutaten Zimmertemperatur aufweisen. Sie ist im Geschmack der berühmten Aioli-Sauce recht nahe, aber wesentlich einfacher zuzubereiten. Man ißt sie zu gebratenem, gekochtem oder grilliertem Fisch oder Fleisch, aber auch zu gekochtem Gemüse.

Provençalische Pilze

24 große Champignons oder Reizker	50 g gekochter Schinken, fein gehackt
2 Knoblauchzehen, zer- drückt	Butter
	Olivenöl
1 kleine Zwiebel, gerieben	Parmesan, gerieben
Petersilie	Cayennepfeffer
Majoran	Salz, Pfeffer
Paniermehl	

Von den Pilzen (geputzt) die Stiele abschneiden. Die Köpfe mit dem Stielende nach oben in eine mit Olivenöl ausgeriebene, flache feuerfeste Form legen. Die Stiele fein hacken und vermischen mit: dem Knoblauch, der Zwiebel, einem Eßlöffel fein gehackter Petersilie, zwei Messerspitzen Majoran, dem Schinken, einem Eßlöffel Paniermehl, einem Eßlöffel Olivenöl. Die Masse soll gerade streichbar sein. In die Pilzhüte geben, die zuvor leicht gesalzen und gepfeffert wurden. Zwei Eßlöffel Olivenöl in die Form verteilen und dann das Ganze im mittelheißen Ofen so lange bei gleichmäßiger Hitze backen, bis die Pilze fast gar sind. Inzwischen aus drei Eßlöffeln Parmesan, zwei Eßlöffeln Paniermehl und genügend Butter (von Zimmertemperatur!) eine Paste kneten. Auf die Pilze verteilen und bei starker Oberhitze noch so lange gratinieren, bis die Oberseite goldgelb ist. Vor dem Servieren mit wenig Cayennepfeffer bestreuen. Frisches Brot dazu reichen.

Provençalische Omelettes

6 Eier	2 Knoblauchzehen, geviertelt
4 Zwiebeln, dünn ge-scheibelt	
	Olivenöl
	Salz, Pfeffer

In einer Bratpfanne werden die sehr dünnen Zwiebelscheiben unter öfterem Wenden in wenig Olivenöl gebraten – je nach Geschmack dürfen sie auch braun sein. Gleichzeitig gibt man die Knoblauchstücke hinzu, die jedoch herausgenommen werden müssen, bevor der Knoblauch gebräunt ist. Die fertigen Zwiebeln salzen und pfeffern. Die sechs Eigelb mit Salz und Pfeffer schaumig rühren, dann die zu Schnee geschlagenen sechs Eiweiß einmischen. In der Omelettepfanne Olivenöl heiß werden lassen und vier Omeletten backen. Sie werden mit je einem Viertel der Zwiebeln gefüllt, auf heiße Teller gelegt und mit frischem Brot serviert. Je nach Wunsch kann man die Omelettes auf einer Seite oder beidseitig backen. Als Beilage eignen sich schwarze Oliven.

Muscheln à la Mireille

1 kg Muscheln, geputzt	Origano
Weißwein	1 Ei
1 Zwiebel, gerieben	Weißbrot
2 Knoblauchzehen, zer-	1 Zitrone, geviertelt
drückt	Butter
Petersilie	Salz, Pfeffer

In einem großen Topf läßt man zwei Deziliter Weißwein kochend werden. Die Muscheln zugeben und zugedeckt so lange leise kochen, bis sie sich geöffnet haben. Die Muscheln herausnehmen, Deckel entfernen und untere Schale mitsamt Muschelfleisch auf eine Unterlage geben. Zwei Scheiben Weißbrot entrinden und mit dem Muschelwein tränken. Ausdrücken, in einer Schüssel mit der Gabel zerdrücken und mischen mit: Zwiebeln, Knoblauch, einem Eßlöffel fein gehackter Petersilie, 50 g Butter, wenig Salz, etwas Pfeffer und Origano. Dann erst das gut verklopfte Ei einmischen und das Ganze etwas ziehen lassen. Inzwischen eine ausreichend große feuerfeste Platte mit entrindeten Weißbrotscheiben belegen. Es empfiehlt sich, sie zuerst auf der Unterseite mit Butter zu bestreichen und in einer Bratpfanne leicht anzurösten. Die Muscheln mit der Paste füllen, auf die Brotscheiben legen und im mittelheißen Ofen so lange stehenlassen, bis die Füllung goldgelb geworden ist. Mit Zitronenvierteln servieren.

Stockaficada – Stockfischtopf

Stockfisch hat zwei penetrante Eigenschaften. Erstens duftet er. Zweitens weigert er sich, seinen Namen in fremde Sprachen übersetzen zu lassen. Deshalb tritt er auch in mediterranen Rezepten als Stockfisch auf, wenn auch mitunter in recht seltsamen Schreibweisen. Dafür wird er in Mittelmeerländern zu allen Jahreszeiten angeboten. Man kann ihn als Reiseandenken mit nach Hause nehmen, und falls man Zug fährt und ihn unterwegs auspackt, hat man bald das ganze Abteil für sich allein...

1 kg Stockfisch	1 Lauchstengel, zerschnitten
500 g Kartoffeln, geschält und geviertelt	Petersilie, grob gehackt
	2 Karotten, gescheibelt
500 g Tomaten, geschält, entkernt und geviertelt	1 Handvoll Selleriestengel und -kraut, gehackt
2 Zwiebeln, gehackt	Olivenöl
2 Knoblauchzehen, zerdrückt	Salz, Pfeffer

Der Stockfisch wird zerschnitten und vier Tage lang in Wasser eingeweicht. Häufig wechseln! In einer Kasserolle vier Eßlöffel Olivenöl erhitzen. Zwiebeln, Lauch und Karotten darin anziehen lassen. Gut rühren! Dann zugeben: Knoblauch, Sellerie, Petersilie, Stockfischstücke. Gut wenden und ein paar Minuten auf kleiner Flamme stehen lassen. Beifügen: die Tomaten, Salz und Pfeffer, anderthalb Liter Wasser (oder mehr – bis alle Zutaten bedeckt sind). Zwei Stunden lang leise kochen lassen (zugedeckt). Dann die Kartoffeln zugeben und noch so lange kochen, bis sie gar sind.

Wer das Gericht zum erstenmal zubereitet, tut gut daran,

den Stockfisch erst nahezu gar zu kochen, bevor die Kartoffeln beigefügt werden. Es kann vorkommen, daß der Fisch alt ist und längere Zeit zum Garwerden benötigt als angegeben!

Fisch au Rosé

4 flache Meerfische (Sole,	Mehl
Flunder, Goldbarschfilets)	Rosé (kein Rosé d'Anjou!)
1 Zwiebel, gescheibelt	Parmesan, gerieben
1 Zwiebel, klein gehackt	Butter
1 Gewürznelke	Salz, Pfeffer
Olivenöl	

In einem geräumigen Topf die Zwiebelscheibchen, Salz, Pfeffer und Gewürznelke in Wasser zum Kochen bringen. Die Fische hineingeben und auf kleinem Feuer ziehen lassen, bis sie gar sind. Vorsichtig herausnehmen und etwa vorhandene Haut abziehen, Köpfe und Schwänze entfernen. In eine mit Olivenöl eingeriebene, flache feuerfeste Form legen. In einer Saucenpfanne zwei Eßlöffel Mehl mit vier Eßlöffel Olivenöl verrühren und auf kleiner Flamme anziehen lassen. Die fein gehackte Zwiebel hineingeben, zwei Minuten unter ständigem Rühren auf kleiner Flamme lassen und dann mit so viel Rosé verrühren, daß eine nicht zu dicke Sauce entsteht. Salzen und pfeffern. Zehn Minuten leise kochen lassen – rühren! Dann die Sauce über die Fische verteilen, Parmesan aufstreuen, Butterflöcklein darauf verteilen und im Ofen gratinieren.

Gebackene Sardinen

1 kg frische Sardinen	Öl zum Ausbacken
Omelette (Pfannkuchen)-	Zitronen
Teig (Ei, Mehl, Milch,	Pfeffer
Salz und Pfeffer)	

Frische Sardinen gibt es offen oder in Tiefkühlpackungen.
Sie müssen vor der Verarbeitung auf Zimmertemperatur
gebracht werden. Dann schneidet man die Köpfe ab, macht
am Bauch einen Längsschnitt, holt Innereien und Gräten
heraus und trocknet die Sardinen auf Küchenpapier oder
einem Tuch. Bevor man sie in den Omeletteteig gibt, werden sie rasch in Mehl gedreht. Dann bäckt man die mit
Teig überzogenen Sardinen in dem heißgemachten Öl goldgelb. Auf heiße Platte legen, leicht mit frisch gemahlenem
Pfeffer würzen und mit vielen Zitronenachteln und gutem
Brot anrichten.

Makrelen vom Holzkohlengrill

4 gleichgroße Makrelen,	Olivenöl
geputzt	Zitronen
Fenchelkraut	Salz, Pfeffer

Die Fische werden ein paarmal quer leicht eingeschnitten.
Inwendig etwas salzen, pfeffern und mit fein gehacktem
Fenchelkraut parfümieren. Die Außenseiten mit Olivenöl
dünn einpinseln. Der Grill muß ein gleichmäßiges Bett von
milder Glut aufweisen, bevor man die Fische möglichst
nahe über die Holzkohlen legt. Auf beiden Seiten garbraten;
nötigenfalls noch etwas Olivenöl über die Fische verteilen.
Kurz bevor sie gar sind, werden die Makrelen noch mit gehacktem Fenchelkraut bestreut, das im Öl heiß und duftend

werden muß. Anstelle von Fenchelkraut kann man auch Dillkraut verwenden. Die Fische möglichst heiß servieren und Zitronenachtel dazu reichen.

Bœuf en Daube – Rindfleisch im Topf

800 g Rindfleisch (je zur Hälfte mager und fett)	1 Orange
100 g Speck, gewürfelt	2 Gewürznelken
4 Zwiebeln, geviertelt	Rotwein
3 Karotten, gescheibelt	Thymian, Majoran
6 Knoblauchzehen	Olivenöl
	Salz, Pfeffer

Für eine richtige Daube benötigt man einen starkwandigen Topf aus Keramik oder emailliertem Eisen mit einem gut passenden Deckel. Hinein gibt man vier Eßlöffel Olivenöl sowie den Speck, darauf die Zwiebeln und Karotten, die in Scheiben geschnittenen Knoblauchzehen, die Gewürznelken und die dünn abgeschnittene Schale der Orange, je einen Mokkalöffel Thymian und Majoran, Pfeffer und etwas Salz. Das Fleisch wird in Stücke von je etwa 50 Gramm geschnitten, gesalzen und gepfeffert und in den Topf obenauf gelegt. Nun füllt man soviel Rotwein ein, daß das Fleisch mindestens zur Hälfte bedeckt ist. Der Topf wird zugedeckt auf kleiner Flamme sechs Stunden am ganz leisen Kochen gehalten – noch besser ist's, wenn man die Daube mehr ziehen als kochen läßt. Nötigenfalls füllt man löffelweise heißes Wasser nach, wenn allzuviel Flüssigkeit verdunstet. Es muß am Ende der Kochzeit eine dicke, würzige Sauce entstanden sein. Der «Bœuf en Daube» ist eines der wenigen Gerichte, die besser werden, wenn man sie länger kocht als notwendig. Man serviert die Daube mit Reis, Nudeln oder frischem Brot.

Rindsragout Nostradamus

800 g Rindfleisch, grob gewürfelt	Mehl
100 g Speck, gewürfelt	Olivenöl
4 Zwiebeln, grob gehackt	Weißwein
4 Knoblauchzehen, zerdrückt	Rosmarin
4 Tomaten, geschält, entkernt und grob gehackt	Petersilie, fein gehackt
	Salz, Pfeffer

In eine Kasserolle gibt man sechs Eßlöffel Olivenöl, läßt es heiß werden und röstet den Speck darin an. Den Speck herausnehmen und das Rindfleisch unter ständigem Wenden im Öl rundherum gut anbraten. Zugeben: die Zwiebeln, den Knoblauch. Leicht anziehen lassen und dann mit Mehl überstäuben. Gut rühren. Einen Liter milden Weißwein einrühren (oder halb Weißwein, halb Wasser, falls der Wein zu sauer ist). Die Tomaten zugeben, mit einem Mokkalöffel Rosmarin parfümieren, salzen und pfeffern. Zugedeckt mindestens zwei Stunden auf kleinem Feuer leise kochen lassen. Das Fleisch sollte sehr zart werden! Dann den Speck einmischen, nochmals fünf Minuten kochen und vor dem Servieren mit Petersilie bestreuen. Mit Reis oder Kartoffelbrei, Nudeln oder Brot auftischen.

Salate à la Provençale

Weinessig	Schwarzer Pfeffer aus der Mühle
Olivenöl	
Salz	

In der Provence bereitet man Salate nur aus vollreifen, aromatischen Gemüsen oder Früchten zu. Sie dürfen nicht ge-

kühlt sein, sondern müssen Zimmertemperatur aufweisen, damit sie ihren Duft kräftig entwickeln und verbreiten können. Um ihn nicht zu stören, fügt man auch nicht Zwiebeln, Knoblauch, Kräuter oder gar fabrizierte Würzen hinzu. Man verwendet zur Salatsauce ein möglichst stark duftendes Olivenöl, dessen Aroma sich mit allen Salatdüften aufs beste vereint. Die Sauce wird so zubereitet:
In die Salatschüssel gibt man Salz und reichlich frischgemahlenen schwarzen Pfeffer. Das verrührt man mit zwei Löffeln Weinessig, bis sich das Salz gelöst hat, und fügt erst dann sieben Löffel Olivenöl hinzu. Nun darf man nur noch leicht rühren, denn unter keinen Umständen soll eine Creme entstehen! Der Salat wird erst unmittelbar vor dem Servieren in die Schüssel gegeben, gut gemischt und auf der Oberseite noch mit ein wenig Pfeffer aus der Mühle aromatisiert. Falls man frisch gewaschenen Blattsalat verwendet, muß er zuvor von allem anhaftenden Wasser befreit werden – am besten mit einem Salatkorb, den man kräftig im Kreise herumschwingen kann, oder mit einer kleinen Salatzentrifuge. Tomatensalat wird übrigens nicht mit der Sauce gemischt, sondern die Sauce wird über die flach in eine Schale gelegten Tomatenscheiben gegossen.

Tomaten auf provençalische Art

12 Tomaten, vollreif	Paniermehl
4 Knoblauchzehen, fein gehackt	Petersilie, fein gehackt
	Olivenöl

Die Tomaten werden am Äquator halbiert und entkernt. In einer Bratpfanne vier Eßlöffel Olivenöl heißmachen und die Tomaten mit der runden Seite nach unten hineingeben. So lange auf mittlerer Flamme lassen, bis sie nahezu keine

Flüssigkeit mehr aufweisen. Dann die Tomaten umdrehen und im Öl leicht anbräunen. Herausnehmen und in eine flache feuerfeste Form geben, gerade Seite nach oben. Den gehackten Knoblauch und zwei Eßlöffel gehackte Petersilie im Öl in der Pfanne kurz anziehen lassen. Dann über die Tomaten verteilen, etwas Paniermehl aufstreuen und kurz bei starker Oberhitze in den Ofen stellen. Erst beim Essen salzen und pfeffern! Mit frischem Brot servieren.

Ratatouille

2 Auberginen   4 Knoblauchzehen
2 Zucchetti, klein   Weißwein
2 Peperoni, grün oder gelb   Olivenöl
4 Zwiebeln   Salz, Pfeffer
6 Tomaten

Die Auberginen schälen und in dicke Scheiben schneiden. Die Zucchetti in dünne Scheiben schneiden. Peperoni entkernen und grob hacken, Zwiebeln in dicke Ringe schneiden, Tomaten schälen, entkernen und achteln. In einer Kasserolle sechs Eßlöffel Olivenöl heiß werden lassen, die Gemüse hineingeben, kurz anziehen lassen (mehrmals wenden!), dann die in Scheibchen geschnittenen Knoblauchzehen, Salz und Pfeffer einmischen, einen Deziliter Weißwein oder Wasser zugeben und zugedeckt auf kleinem Feuer anderthalb Stunden mehr ziehen als kochen lassen. Falls zu viel Flüssigkeit verdampft, löffelweise heißes Wasser zugeben. Ratatouille wird heiß oder kalt gegessen und paßt als Beilage zu gebratenem oder grilliertem Fleisch, gebratenem Meerfisch oder Reis.

Fenchel provençalisch

500 g Fenchelknollen	1 Zitrone
Olivenöl	Salz, Pfeffer
Weißwein	

Die Fenchelknollen werden in Scheiben geschnitten. In eine Kasserolle geben: einen DeziliterWeißwein, einen Deziliter Wasser, vier Eßlöffel Olivenöl, den Fenchel, Salz (vorsichtig, nicht zuviel!) und Pfeffer. Zum Kochen bringen und zugedeckt mindestens eine Stunde auf ganz kleiner Flamme lassen. Nach dieser Zeit sollte alle Flüssigkeit verdunstet und nur noch Öl in der Kasserolle sein. Die Fenchelstücke darin ganz leicht anbraten, dann auf eine heiße Platte geben und das Öl in der Kasserolle mit einem Deziliter halb Weißwein, halb Wasser ablöschen. Über den Fenchel verteilen und dann, mit Zitronenvierteln garniert, servieren.

Pissaladière

1 kg Zwiebeln	Oliven, schwarz
1 Büchse Sardellenfilets	Origano
2 Knoblauchzehen, fein	Olivenöl
gehackt	500 g Brotteig (Hefeteig!)
2 Tomaten	

Die fein gehackten Zwiebeln und der Knoblauch werden in einer Saucenpfanne mit einem Deziliter Olivenöl eine Stunde lang auf kleiner Flamme zugedeckt gedünstet. Sie dürfen nicht bräunen! Den Hefeteig ausrollen und eine gefettete Blechform damit auslegen. Die Zwiebeln daraufstreichen, die Sardellenfilets (auf Küchenpapier vom Öl befreit) zu einem Gitter darauflegen, mit dünnen Tomatenscheiben und schwarzen Oliven garnieren, mit Origano bestreuen und im Ofen so lange backen, daß der Teig zwar gar, aber noch weich ist. Noch etwas frisches Olivenöl auftropfen und heiß essen.

Weiße Bohnen Mistral

500 g weiße Bohnen, ge-
  trocknet
200 g Speck, gewürfelt
2 Zwiebeln, grob gehackt
2 Knoblauchzehen, zer-
  drückt

Rosmarin
2 Tomaten, geschält, ent-
  kernt und geviertelt
Olivenöl
Weißwein
Salz, Pfeffer

Die Bohnen über Nacht einweichen. In eine Kasserolle geben: vier Eßlöffel Olivenöl, die Bohnen, den Speck und die Zwiebeln, Knoblauch und Tomaten, einen Mokkalöffel Rosmarin, Salz und Pfeffer, zwei Deziliter Weißwein. Zum Kochen bringen und zugedeckt fünf Stunden lang auf ganz kleiner Flamme stehenlassen. Nötigenfalls löffelweise heißes Wasser zugeben, wenn zuviel Flüssigkeit verdunstet. Gelegentlich rühren, damit nichts anbrennt! Vor dem Anrichten noch einen Löffel frisches Olivenöl aufgießen.

Italien

Pasta, Pesto, Pomodori...

Italien fängt heute am Nordkap an. Man kann eine Kreuz-
fahrt ins Land der Mitternachtssonne unternehmen, mit
Ausflug nach Jan Mayen, und wird gewiß Spaghetti mit
Tomatensauce serviert bekommen, während der erste Eisbär
am Horizont auftaucht. Und wenn man im Hafen von
Hammerfest vor Anker liegt, gibt's Risotto. Das ist nur ge-
recht. Denn umgekehrt hängen zur Fastenzeit Italiens Le-
bensmittelgeschäfte voll von jenen duftenden Abnormitä-
ten, die wie Platten aus Zellulose aussehen, die mit Lebertran
getränkt waren, und die «stoccafisso» heißen – was Stockfisch bedeutet und aus dem hohen Norden kommt. In Messina auf Sizilien ist Stockfisch sogar eine Spezialität. Aber
Sizilien ist Invasionen aus dem hohen Norden ja gewöhnt –
die Normannen waren seinerzeit auch dort und eroberten
Messina von den Arabern, im Jahre 1061. Vielleicht brachten
sie damals schon Stockfische als Proviant mit – wie in unseren Tagen die alliierten Armeen das Luncheon Meat und
das Coca-Cola?
Italiens Küche hat den nachhaltigsten Einfluß aller mediterranen Küchen auf den Speisezettel Mitteleuropas ausgeübt.
Allerdings auch den verhängnisvollsten.
Sehen wir uns einmal so eine Speisekarte an, die irgendwo
zwischen Nordsee und Alpenkamm aufliegt! Was gibt es
darauf an sogenannten italienischen Gerichten?

Zunächst einmal eine Suppe, die in der Schweiz Minestrone, in Deutschland Minestra heißt. Sie besteht aus etwelchen Gemüsesorten, die gemeinsam ein nasses Grab gefunden haben und deren sterbliche Reste so aussehen, als beständen sie aus kleingeschnittenen Baumwollfetzen. Manchmal sind noch einige Reste von weichgekochten Teigwaren oder zur Unkenntlichkeit entstellten Reiskörnern darin zu finden. Besonders waghalsige Wirte oder Hausfrauen stellen zu dieser «italienischen» Suppe noch geriebenen Käse auf, der in deren Wärme zu eklen Klumpen zusammenschmilzt, weil er aus einer völlig falschen Sorte besteht.

Dann gibt es Risotto. Davon existieren zwei Arten. Entweder fertigt man ihn aus jenen Reissorten an, die von der Industrie derart vorbereitet wurden, daß es nicht einmal der dümmsten aller Köchinnen mehr gelingt, sie zu Brei zu sieden. Oder der Risotto wurde aus gewöhnlichem Reis gekocht, und dann sieht er aus wie mit Tapetenkleister zusammengekittete Getreidekörner ungewisser Herkunft, aber aufgesprungener Gestalt. Im Risotto halten sich – kein Mensch weiß warum und wozu – zahlreiche Häute und Kerne von Tomaten auf. Und da der Tapetenkleister allein nicht Kitt genug ist, wird das Ganze von zähen Käsefäden weiterhin zusammengehalten.

Ferner gibt es Ravioli. Sie stammen ausschließlich aus Büchsen und sehen genau so aus, wie sie schmecken: wie kleine Quadrate aus nassem Frotteestoff, die mit Zusammengeschabtem von den gestrigen Tellern gefüllt und in einer rosarot gefärbten Mehlsauce windelweich gekocht wurden.

Auch ein italienisches Dessert findet sich. Es heißt «zabaione», aber die Schreibweise ist meist ins Abenteuerliche entglitten, und das ist auch die Zubereitung. Ich habe schon Zabaione gegessen, der war aus Vanillepuddingpulver und heißem

Riesling angerührt. Und ich habe in dem lieblichen Städtlein Kandern kürzlich einen Zabaione bekommen, der bestand ganz eindeutig aus kleingehackten Kanderner Bretzeln, die eine halbe Stunde lang mit dreimal mehr Zucker und etwas Malaga gekocht worden waren.

Schließlich aber gibt es, schrecklichster aller Schrecken, in unseren Breiten auch Teigwaren. Die nennen sich in Italien «pasta». Es ist kaum anzunehmen, daß alle Leute, die nördlich der Alpen Teigwaren kochen, das italienische Wort «pasta» kennen. Wohl aber gelingt es ihnen unweigerlich, jegliche Art von Teigwaren zu einer Paste zusammenzukochen. Ob die Teigwaren ursprünglich Maccaroni waren (deutsch: Hohlnudeln) oder Tagliatelle (deutsch: Bandnudeln), ob Spaghetti oder Hörnchen oder sonst eine der Erscheinungsformen von Pasta – stets sind sie pastos verkocht. Und gereicht werden sie als Beilage zu allem, das auch nur im entferntesten den Anspruch darauf erhebt, von einer Sauce (deutsch: Tunke) begleitet zu sein. Vom Schellfisch mit Kaperntunke bis zur Gans im eigenen Fett. In Kasernen, Gefängnissen und Ferienlagern werden die pastosen Teigwaren sogar von Apfelmus begleitet. Einige Speisekarten, die den Duft der weiten Welt verbreiten möchten, servieren allerdings auch «Spaghetti auf Neapolitanerart» beziehungsweise «à la napolitaine». Das sind dann verkochte Spaghetti, die mit einer von Tomatenmark rot gefärbten weißen Sauce überschüttet wurden – wenn nicht gar in ihr weichgekocht. Auch gibt es, freilich seltener, «Spaghetti auf Bologneserart» beziehungsweise «alla bolognese». Da ist dann die Sauce nicht ehedem weiß und mit Hilfe des Kochs schamhaft errötet. Sondern sie besteht aus jener in allen Restaurants unvermeidlichen braunen Grundsauce, in der kleingehackte Fleischreste abgelagert wurden. Beides wird mit geriebenem Käse von fadenziehender Natur aufgetischt. Angesichts der Verbreitung dieser «italienischen» Gerichte in Mitteleuropa, und angesichts deren gastronomischer Minderwertigkeit, ist es kein Wunder, daß Italienreisende aus Ländern nördlich der Alpen es jeweils vorziehen, ihren Hunger in Betrieben der Verpflegungsbranche zu stillen, an deren Fassaden groß «Deutsche Küche» oder «Schweizer Direktion» angeschrieben steht. Denn es ist nicht einzusehen, wieso man auch noch in den Ferien, wo man sich ja erholen möchte, das gleiche schludrige Zeugs essen soll wie zu Hause – eben jene «italienischen» Spezialitäten. Da hat man doch lieber sein Wienerschnitzel mit Pommes frites und grünem Salat oder seine Kalbshaxe mit Kartoffelsalat.

Glaubt mir, liebe Leser: Mit italienischer Küche haben unsere Teigwaren, unser Risotto, unsere Minestrone (bzw. Minestra) nichts zu tun. Auch wenn einige der Ausgangsprodukte in beiden Ländern eine gewisse Ähnlichkeit aufweisen. Die Resultate jedenfalls sind gründlich verschieden!

Ganz abgesehen davon, daß es eine italienische Küche gar nicht gibt. Sondern: es gibt nur die vielen Küchen der italienischen Provinzen. Italien ist zwar nur knapp größer als die Hälfte von Frankreich – nicht einmal ganz das Siebenfache der Schweiz –, aber es kennt nahezu zwanzig voneinander grundverschiedene Arten des Kochens. In ganz Italien gibt es keinen Ort, der weiter als 150 Kilometer vom Meer entfernt wäre. Von den meisten Orten im Innern sind es sogar weniger als 80 Kilometer bis zur nächsten Küste. Das bedeutet, daß sich die Früchte des Meeres, die Früchte der Berge und die Früchte der Ebenen in einer Art gegenseitig durchdrungen haben, wie man das in keinem anderen Land findet. Andrerseits hat die Geschichte des Landes, das bis vor wenig mehr als einem Jahrhundert in zwei Handvoll Staaten aufgespalten war und teilweise unter Fremdherrschaft stand – Venedig gehörte bis 1866 zu Österreich, in Rom lagen bis 1870 französische Truppen –, die einzelnen Regionen zu einer eigenen Entwicklung auch in den Kochtöpfen veranlaßt. Wobei die Einflüsse der fremden Herren sich nicht wenig geltend machten. Böhmische Knödel gibt es, leicht variiert, in Venezien, Wienerschnitzel in Mailand, arabisches Cùscusu in Sizilien, Kutteln nahezu à la mode de Caen in Rom. Nicht viel hätte wohl gefehlt, und Schwabenspätzle wären von den Hohenstaufenkaisern und ihren Rittern in Apulien heimisch gemacht worden. Umgekehrt scheint es aber mehr als nur möglich, daß die schwäbischen Maultaschen seinerzeit in Unteritalien ihren Ursprung nahmen. Denn Ravioli, deren größere Abart sie sind, wurden dort schon gegessen, als Kaiser Friedrich II. sein Jagdschloß Castel del Monte baute.

Das mag Leser wundern, die bisher der Meinung waren, Teigwaren aller Art habe es in Italien erst gegeben, nachdem der Weltreisende Marco Polo ums Jahr 1300 herum sie in China kennengelernt und die Technik ihrer Herstellung nach Italien gebracht habe. Mag sein, daß in Venedig, woher Marco Polo stammte, oder in Genua, wo er lange Zeit eingesperrt war, Teigwaren damals keine große Rolle spielten. Weiter im Süden aber waren sie schon lange vorher üblich und beliebt. Es ist auch gar nicht einzusehen, wieso nicht hier und dort eine Hausfrau auf den Gedanken kommen sollte, übriggebliebenen Teig zu zerkleinern und in Wasser oder einer Suppe garzukochen. Dazu braucht es keine Reise nach China. Wohl aber kann es so gewesen sein, daß Marco Polos Bericht von den chinesischen Nudeln diese gekochten Teigwaren plötzlich vornehm machte. Man hat dergleichen ja in unseren Tagen schon mehrfach erlebt. Popeye the Sailor war's, der den gehackten Spinat salonfähig machte. Wenn auf dem Bildschirm irgend eine Prominenz etwas Ausgefallenes ißt – zum Beispiel Artischocken –, kann man sicher sein: in den nächsten Tagen steigt der Umsatz sprungartig an. Warum also soll man um 1300 nicht plötzlich Teigwaren als letzten Schrei angesehen haben, wo doch der Kaiser von China in all seinem Glanze sie zu essen pflegte?

Sicher ist jedenfalls: was Italien der Mittelmeerküche schenkte, das sind die Teigwaren. Manche Länder nahmen sie an. In Griechenland gibt es einen Teigwarenauflauf, der «makaronia» oder «pastitsio» heißt. Valencia und Malaga haben eigene Rezepte für Spaghetti entwickelt. Was aber sind sie gegenüber den italienischen Teigwaren? Kenner haben mir versichert, daß man jeden Tag eine andere Form Pasta essen kann, und in einem Jahr ist man noch lange nicht fertig mit allen Erscheinungsarten der Nudelteige. In italienischen Spezereiläden hängen mitunter große Drucke an der Wand, auf denen diese oder jene Pastafabrik ihre Produkte abgebildet hat. Es ist keine Seltenheit, daß mehr als hundert verschiedene Teigwaren darauf prangen – und das ist immer nur eine kleine Auslese aller Möglichkeiten. Allein Spaghetti gibt es in mehr Arten, als der Mensch Finger besitzt. Übrigens bedeutet Spaghetti dasselbe wie der österreichische Ausdruck für Schnur, der Spagat heißt: ein Stück Bindfaden. Beziehungsweise: einige Stücke Bindfaden. Denn Spaghetti treten immer nur in der Mehrzahl auf. Was ganz gut ist, denn wenn die Spaghetti einer normalen Portion aus einem einzigen Stück bestünden, so wäre das etwa 50 Meter lang und noch komplizierter zu essen, als Spaghetti normaler Länge es schon sind. Das bringt uns zu der wichtigen Frage: Wie ißt man eigentlich Teigwaren?

Im Buche des Anstandes gibt es eine Regel: Was weich ist und nicht geschält zu werden braucht, ißt man mit der Gabel. Eine andere Regel lautet: Was von der Gabel rutschen würde, ißt man mit dem Löffel.

Teigwaren aller Art gehören zu den weichen Speisen. Daher ist der Gebrauch eines Messers bei ihnen ein Verbrechen gegen den guten Ton. Man sieht mitunter freilich Leute, die sitzen hinter einem Teller mit Teigwaren, schneiden sie mit dem Messer kurz und klein und essen sie dann auf irgendeine Weise. Es gibt aber überhaupt seltsame Leute. Sogar solche, die Omeletten mit Messer und Gabel essen und Kartoffeln mit dem Messer zerkleinern. Wohl das Schlimmste an Leuten habe ich einmal in einer Berner Feldbatterie gesehen. Da gab es zum Mittagessen Fisch. Die Herren Offiziere zerkleinerten den mit Messer und Gabel, mischten ihn mit denselben Instrumenten innig mit den Salzkartoffeln zusammen, und dann aßen sie das mit dem Löffel. Einer von ihnen hieß sogar so.

In Italien gibt es zwei Arten, Spaghetti und ähnliche Teigwaren zu essen. Die eine: mit Gabel und Löffel. Man nimmt mit der Gabel ein paar, stützt die Gabel gegen den Löffel, dreht aus den Teigwaren eine mundgerechte Portion und ißt sie. Das ist die leichtere Art, und drum erwartet man in Italien, daß Ausländer sie ausüben. Sie ist geduldet, aber wer Spaghetti so ißt, der gilt nicht als feiner Mann. Wirklich richtig ist vielmehr die andere Art: man nimmt mit der Gabel ein paar Spaghetti, lockert sie vorsichtig, wickelt sie um die Gabel und ißt sie. Leider ist es in Italien auch in besseren Kreisen durchaus üblich, die Gabel mit den Spaghetti nicht zum Munde zu führen, sondern ihr mit dem Mund freimütig entgegenzukommen. Manchmal bis zum Tellerrand. Wie Sie's halten wollen, ist Ihre Sache.

In Italien sind Teigwaren weder eine Beilage noch – mit wenigen Ausnahmen – ein abendfüllendes Gericht. Sie sind vielmehr Vorspeisen. Das will heißen: man ißt von ihnen nur eine kleine Portion. Pro Person 100 Gramm trockene Teigwaren dürften gerade richtig sein. Die stillen dann den ersten Hunger und lassen noch genügend Appetit für den Hauptgang übrig. Ich halte diese Sitte für sehr empfehlenswert – aber ich gebe zu, daß ich auch sehr gerne Teigwaren zu einem Hauptgericht mache. Nur eines finde ich barbarisch, und ich hoffe, daß Sie mit mir darin übereinstimmen: Teigwaren als Beilage. Ich weiß, daß ich mich dadurch außerhalb der eng geschlossenen Reihen meiner Landsleute stelle, für die Teigwaren als Beilage zu allerlei Fleischspeisen noch wichtiger sind als die einheimische Rösti. Aber ich finde: eine Unsitte bleibt auch dann eine Unsitte, wenn ein paar Millionen Menschen sie betreiben. In der mediterranen Küche – und von ihr handelt ja dieses Buch – sind Teigwaren aller Art selbständige Gerichte. Außer wenn sie als Einlage in einer Suppe dienen. Daß sie selbständige Gerichte bilden, erfordert aber auch, daß man sie entsprechend zubereitet. Nicht einfach nur so in Salzwasser kocht und dann irgendwie in eine Schüssel wirft, möglichst noch ungenügend abgetropft.

Hier ist eine kurze Diskussion am Platze über das Problem: wie kocht man Teigwaren?

Ich möchte zuerst kurz schildern, wie man Teigwaren *nicht* kocht. Nämlich: Man gibt sie in einen Topf, fügt etwas Salz hinzu, füllt so viel kaltes Wasser ein, daß es gerade alle Teigwaren bedeckt, und kocht sie dann so lange, wie es die Angaben auf dem Paket sagen. Dann schüttet man sie in eine kalte Schüssel und tischt sie auf. Mit dieser Methode hat man garantiert einen trefflichen Tapetenkleister erzielt.

In Wirklichkeit macht man es ganz anders. Erstens: man kann gar nicht zuviel Wasser in den Topf tun. Fünf Liter auf ein Pfund Teigwaren ist das Minimum. Das Wasser bringt man zum Kochen. Dann salzt man es, läßt es wieder zum Kochen kommen, und dann erst gibt man die Teigwaren hinein. Sind sie zu lang, so bricht man sie nicht etwa kurz, sondern wartet, bis die untergetauchte Partie weich geworden ist, und schiebt dann den Rest nach. Ob auf der Packung eine Kochzeit angegeben war oder nicht – das ist gleichgültig. Teigwaren haben keine Kochzeit. Man kocht sie nicht nach der Uhr, sondern man probiert. Sobald sie gerade zwar gar, aber noch beißbar sind – man nennt das «al dente» – gießt man sie mitsamt dem Kochwasser in ein Sieb. Dann braust man sie mit wenig kaltem Wasser ab. Mein großer und verehrter Kollege Hans Gmür, der schon die seltsamsten Zeitschriften zu neuem Glanze gebracht hat, ist da freilich anderer Meinung. Er findet: abbrausen soll man sie nicht. Ich finde: man soll. Denn das Kochwasser enthält Salz, das entfernt werden muß. Und das Abbrausen sorgt dafür, daß die Oberfläche der Teigwaren etwas weniger glitschig wird. Beides dient nur zu ihrem Vorteil.

Wie lange die Teigwaren auf dem Feuer bleiben, hängt ganz davon ab, welche Form sie haben und aus welcher Art Teig sie bestehen. Auch die Zusammensetzung des Wassers und seiner natürlichen Beimengungen spielt eine Rolle. Deshalb ist es vollkommener Unsinn, wenn manche Hersteller eine Kochzeit auf die Packung drucken. Die Kochzeit hängt auch davon ab, wieviel Wasser man im Topf hat und ob man die Teigwaren während des Kochens richtig behandelt. Man muß nämlich rühren. Aber nicht etwa so energisch, wie man in einem Topf voll Kartoffelpüree oder Maisbrei rührt. Sondern vorsichtig, mit Fingerspitzengefühl.

Etwa so, wie man frische Himbeeren mit Rahm und Zucker mischt, bevor man sie als Dessert auf den Tisch bringt.

Nach mitteleuropäischer Sitte schüttet man die fertigen Teigwaren in eine große Schüssel, mischt sie mit Sauce und serviert sie. Jeder nimmt sich dann nach Belieben heraus. Genau gleich also, wie man Kartoffelsalat anrichtet. Diese Art ist unrichtig. Wer Teigwaren mediterran servieren will, macht das folgendermaßen: Für jeden wird ein gründlich angewärmter Suppenteller bereitgestellt. Da hinein kommt eine nach Erfahrung oder Befragen angemessene Portion der abgetropften Teigwaren. Mit einer Gabel macht man in ihrer Mitte eine kleine Vertiefung, füllt die richtige Menge Sauce ein und serviert. Nach Wunsch kann man auf die Sauce noch ein Stück frische Butter geben. Den Käse, der für manche Teigwaren am Platze ist, serviert man frisch gerieben (nicht aus einer Packung!) getrennt dazu, so daß jeder sich nach Belieben bedienen kann. Gemischt werden die Teigwaren von jedem auf dem eigenen Teller!

Das Stichwort «Käse» ist nun gefallen. Ich weiß nicht, wieviele Hunderte von Arten Käse es gibt. Darunter sind einige, die ihren Ursprungsländern richtigen Weltruf schenkten. Man denke an den Löcherkäse, der in der Schweiz zwar Emmenthaler heißt, auf der ganzen übrigen Welt aber vorwiegend Schweizer Käse genannt wird, auch wenn er aus der Normandie, dem Allgäu oder Finnland stammt. Von den vielen hundert Käsesorten passen jedoch nur ganze drei als Beilage zu Teigwaren. Das sind: Parmesan, Pecorino und Sbrinz. Die ersten beiden kommen aus Italien, der dritte aus der Schweiz. Alle anderen Käsesorten ergänzen die Teigwaren nicht, sondern ruinieren sie. Diese drei Käse dürfen Sie nicht gerieben kaufen oder auf Vorrat raffeln. Vielmehr: Unmittelbar vor Gebrauch müssen Sie ein angemessenes

Quantum frisch reiben! Und das nicht etwa mit einer Reibe, die fadenförmige oder sonstwie längliche Stücklein produziert, sondern nur mit einer Käseraffel, die pulverartig reibt. Geriebener Käse muß aussehen wie feiner Grieß; andernfalls ist er falsch gerieben.

Wir haben uns lange über Teigwaren unterhalten. Lassen Sie dadurch nicht den Gedanken in sich aufkommen, daß die italienischen Küchen aus nichts anderem bestünden. Daß wir den Teigwaren so viel Raum gaben, hat zwei Gründe. Erstens sind sie, wie schon gesagt, Italiens wichtigster Beitrag an die Küchen des Mittelmeeres. Zweitens werden sie bei uns so gründlich falsch zubereitet, daß es angebracht war, die richtige Kochart ausführlich zu schildern.

Ganz ähnlich geht es auch mit dem Reis. Er spielt im ganzen Mittelmeergebiet eine wichtige Rolle; in manchen Gegenden Spaniens und Italiens wird er sogar erfolgreich angepflanzt. Weniger erfolgreich auch in der Provence, denn dort kostet die Produktion ein paarmal mehr, als man beim Verkauf dann für das Endprodukt einnimmt.

Der Reis des Mittelmeeres hat eine wichtige Eigenschaft: Man kann ihn nur sehr schwer körnig kochen. Dafür nimmt er willig von der Flüssigkeit auf, in der er gekocht wird. Der mediterrane Reis ist daher ungeeignet für Reisgerichte chinesischer oder indischer Art. Um so besser paßt er für die Spezialitäten des Mittelmeeres, und da vor allem für Risotto. Die Gefahr, seiner Eigenheit entsprungen, leuchtet ein: er verkocht leicht. Das muß man verhindern, denn Reis – auch auf die Arten des Mittelmeeres zubereitet – ist kein Kleister, sondern ein körniges Gericht. Mittel zum Zweck: Man läßt den Reis zunächst im Kochtopf heißes Öl oder heiße Butter aufsaugen, bevor man die wässerigen Bestandteile zugibt, die ihn weichkochen sollen. So zubereitet, bleibt auch der mediterrane Reis ein Körnergericht. Das Fett darf jedoch nicht zu heiß werden, bevor man den Reis zugibt; und der Reis muß dann völlig trocken sein. Ich schlage vor: Wenn Sie Butter verwenden, so geben Sie den Reis zu, sobald sie gerade ganz geschmolzen ist. Wenn Sie Olivenöl verwenden, so fügen Sie den Reis bei, wenn das Öl gerade anfängt, intensiv nach Oliven zu duften. In beiden Fällen: Rühren Sie langsam, aber ununterbrochen! Der Reis soll das Fett aufsaugen, aber er soll nicht anbraten. Er darf auf gar keinen Fall gelblich oder gar bräunlich werden. Weiß muß er bleiben! Wenn Sie das einmal gemacht haben, kennen Sie den Dreh. Zum Beschreiben ist's schwer, aber zum Selbermachen ist es einfach.

Italiens Spezialitäten bestehen nicht nur aus Teigwaren und Reis. Sie sind zum Glück von einer schier endlosen Vielfalt. Beispiele davon werden Sie in den Rezepten finden. Leider nur wenige Beispiele aus den vielen hundert Spezialitäten Italiens. Ein Kochbuch, das auch nur die speziellen Gerichte einer italienischen Region enthält – ohne alle anderen! –, ist schon mindestens 300 Seiten dick. Wesentlich dicker als unser ganzes Buch mit mediterranen Rezepten. Sie werden begreifen, daß wir uns beschränken müssen. Hoffentlich schmecken Ihnen und Ihren Lieben die Speisen aus dem italienischen Teil des Mittelmeeres aber trotzdem!

Rezepte

Nudeln selbstgemacht

An wirklich ausgezeichneten Teigwaren aus Italien herrscht kein Mangel, und einige Firmen anderer Länder bringen es ebenso fertig, Teigwaren auf italienische Art herzustellen. Die allerbesten Nudeln aber sind noch immer die selbstgemachten. Entgegen der verbreiteten Meinung, Nudelmachen sei schwer, kann ich Ihnen versichern: es ist kinderleicht. Versuchen Sie es einmal mit folgendem Rezept!

4 Tassen Mehl	Olivenöl
4 Eier, gut verklopft	Salz

In einer Schüssel mischt man zwei Kaffeelöffel Salz in das Mehl. In die Mitte des Mehls eine Höhlung machen, zwei Eßlöffel Olivenöl und die Eier hineingeben. Erst mit einem Holzlöffel gut verrühren, dann gründlich kneten. Sollte der Teig zu trocken sein, gibt man vorsichtig kaffeelöffelweise Wasser hinzu. Er darf aber nicht zu naß werden! Schlimmstenfalls knetet man noch etwas Mehl ein, um ihn trockener zu machen. Den fertigen Teig in vier Teile teilen, kurz ruhen lassen und dann möglichst dünn ausrollen. Mit dem Messer in Streifen von gewünschter Breite schneiden. Die Nudeln legt man auf ein Tuch und läßt sie vor der weiteren Verarbeitung mindestens eine Stunde trocknen.

Tomaten-Sugo

Die einfachste Sauce zu allen Arten von Teigwaren ist eine dicke, lange gekochte Creme aus Tomaten und passenden Gemüsen, Sugo genannt. Man macht sie folgendermaßen:

500 g Tomaten, geschält, entkernt und gehackt	1 Handvoll fein gehackte Sellerie (Blätter, Stengel oder Knollen)
2 Zwiebeln, gerieben	Olivenöl
1 Knoblauchzehe, zerdrückt	Bouillon
1 Handvoll Karotten, fein geschabt	Lorbeerblatt
	Rosmarin, Majoran
	Salz, Pfeffer

In die Saucenpfanne sechs Eßlöffel Olivenöl geben, heiß
werden lassen. Zwiebel und Knoblauch darin kurz unter
Rühren dünsten. Sellerie und Karotten damit verrühren,
kurz anziehen lassen. Die Tomaten zugeben, fünf Minuten
auf ganz kleiner Flamme ziehen lassen. Dann beifügen:
Lorbeer, je eine Prise Rosmarin und Majoran, drei Deziliter
Bouillon, Salz, Pfeffer. Zwei Stunden auf kleiner Flamme
zugedeckt leise kochen. Nach dieser Zeit sollte die meiste
Flüssigkeit verdunstet sein, so daß ein Püree zurückbleibt.
Nötigenfalls offen auf mittlerer Flamme etwas eindicken.
Nach Wunsch kann dieser Sugo vor dem Servieren noch mit
Rosmarin oder Majoran stärker parfümiert werden.

Teigwaren mit Mandeln

Teigwaren, al dente gekocht	1 Knoblauchzehe, zerdrückt
100 g Mandeln, gerieben	50 g Butter zum Anrichten
50 g Butter zum Kochen	Salz, Pfeffer

In der Saucenpfanne 50 g Butter schmelzen, die Mandeln
und den Knoblauch einrühren, pfeffern und leicht salzen.
Unter ständigem Rühren auf dem Feuer lassen, bis die Mandeln richtig heiß sind. Nicht anbraten! Zu den Teigwaren
servieren; frische Butter dazu aufstellen, die man zusammen
mit dieser Sauce in die Teigwaren im Teller einrührt.

Teigwaren «al pesto»

2 Handvoll frisches Basilikum
6 Knoblauchzehen, zer-
drückt

Olivenöl
100 g Parmesan, gerieben
Salz, Pfeffer

Das zerschnittene Basilikum wird in einem Mörser zu Brei
zerrieben. Den Knoblauch zugeben und innig miteinander
verreiben. Langsam sechs Eßlöffel Olivenöl zugeben und
weiterreiben. Leicht salzen und pfeffern, den Parmesan einmischen. Eine Viertelstunde ziehen lassen. Dann als Sauce
zu al dente gekochten Teigwaren – am besten Spaghetti
oder Nudeln – reichen. Frische Butter und geriebenen Parmesan dazu aufstellen. – Der Name «pesto» stammt von
dem Pistill des Mörsers, mit dem die Sauce verrieben wird.

Teigwaren sizilianisch

100 g Champignons, klein
gehackt
1 Zwiebel, fein gehackt
2 Knoblauchzehen, zer-
drückt
100 g gekochter Schinken,
klein gehackt

4 Sardellenfilets, zerdrückt
Olivenöl
Tomatenpüree
Origano
Weißwein
Salz, Pfeffer

In der Saucenpfanne sechs Eßlöffel Olivenöl heiß machen,
Zwiebel und Knoblauch darin anziehen lassen. Vier Eßlöffel
Tomatenpüree damit verrühren, Champignons, Schinken
und Sardellenfilets einrühren, kurz anziehen lassen. Mit drei
Deziliter Weißwein ablöschen, salzen und pfeffern, eine
Messerspitze Origano damit vermischen. Eine halbe Stunde
zugedeckt auf ganz kleiner Flamme leise kochen lassen.

Öfter rühren. Die Sauce sollte ziemlich dicklich sein. Auf die Teigwaren verteilen, geriebenen Käse dazu reichen.

Vóngole-Sauce

400 g Vóngole natur (2 Büchsen)	1 Zwiebel, gerieben
	Olivenöl
4 Tomaten, geschält, entkernt, gehackt	Petersilie
	Origano
2 Knoblauchzehen, zerdrückt	Salz, Pfeffer

Vóngole sind eine kleine Muschelart, die in Mitteleuropa in Büchsen zu 200 Gramm in den Handel kommt. Die Büchsen enthalten auch den Muschelsaft, der mitverwendet wird. Die Zubereitung der Sauce: sechs Eßlöffel Olivenöl in der Saucenpfanne heißmachen, Zwiebel und Knoblauch, Tomaten und einen Eßlöffel kleingehackte Petersilie unter Rühren darin anziehen lassen. Eine Messerspitze Origano aufstreuen, mit zwei Dezilitern Wasser verrühren, salzen und pfeffern. Eine halbe Stunde unter gelegentlichem Rühren leise kochen (zugedeckt!). Dann den Muschelsaft einrühren, zehn Minuten weiterkochen. Die Muscheln einrühren, einen Moment auf der Flamme lassen und dann zu Teigwaren servieren. Zu Vóngole-Sauce gibt man keinen Reibkäse!

Lasagne aus dem Ofen

500 g Lasagne
300 g Hackfleisch (halb
 Rind, halb Schwein)
2 Zwiebeln, fein gehackt
2 Knoblauchzehen, zer-
 drückt
Olivenöl
Weißwein

Petersilie
1 Büchse Tomatenpüree,
 200 g
300 g Mozzarella
50 g Parmesan, gerieben
Butter
Salz, Pfeffer

Lasagne sind Blätter aus getrocknetem Nudelteig, die man fertig kauft oder selbst macht. Man bekommt sie auch in grün – mit Spinatsaft gefärbt. Für die Zubereitung spielt es keine Rolle, welche Farbe sie haben. Die Lasagne werden zuerst in leichtem Salzwasser al dente gekocht und abgetropft. Inzwischen in der Saucenpfanne sechs Eßlöffel Olivenöl erhitzen, Zwiebel und Knoblauch darin anziehen lassen, das Hackfleisch zugeben und mit dem Löffel gut trennen. Rundherum braunbraten. Einen Eßlöffel gehackte Petersilie einstreuen, mit zwei Dezilitern Weißwein ablöschen, salzen und pfeffern. Eine Stunde zugedeckt mehr ziehen als kochen lassen. Nötigenfalls löffelweise Wasser zugeben, damit die Sache nicht zu trocken wird. Das Tomatenpüree einrühren, zehn Minuten leise kochen. Falls zu trocken, mit etwas Weißwein anfeuchten. Den Mozzarella in dünne Scheiben schneiden. Eine feuerfeste Form mit Olivenöl ausstreichen, eine Lage Lasagne hineingeben. Dünn mit Mozzarella belegen, mit Sauce bedecken. So fortfahren, bis der Vorrat aufgebraucht ist. Zuoberst soll sich Sauce befinden. Sie wird dick mit Parmesan bestreut. Butterflöcklein darauf verteilen und im Ofen gratinieren.

Zuppa alla Zabaione

1 Liter Hühnerbouillon	2 Eigelb
4 Scheiben Weißbrot, in	Marsala
Butter leicht geröstet	Salz, Pfeffer

Die Hühnerbouillon wird kochend bereitgestellt. In einer kleinen Stielpfanne eine Prise Salz, etwas Pfeffer, zwei Eigelb und zwei Eierschalen voll Marsala mit dem Schneebesen gründlich schlagen. In einem größeren Gefäß Wasser zum Kochen bringen. Die kleine Pfanne hineinhalten und unter ständigem Schlagen mit dem Schneebesen die Marsala-mischung schaumig rühren. Sie darf nicht zum Kochen kommen, sonst gerinnt sie! Die Bouillon in Tellern anrich-ten, je eine Brotscheibe auflegen und die Zabaione darauf verteilen. Sofort servieren.

Crevetten-Suppe

1 Liter Hühnerbouillon	1 Handvoll Reis (Karolina)
200 g Crevetten (tiefge-kühlt)	Cognac
	Cayennepfeffer
Rotwein (z. B. Merlot)	Salz, Pfeffer

Die Bouillon zum Kochen bringen, den Reis einstreuen und weichkochen. In einer Saucenpfanne die kleingehackten Crevetten mit vier Eßlöffel Rotwein, einer Prise Cayenne-pfeffer, Salz und Pfeffer heiß werden lassen. Ein Gläslein Cognac zugeben. Durch ein enges Sieb in die angewärmte Suppenschüssel streichen. Die Suppe ebenfalls durch ein Sieb in die Schüssel streichen. Gut verrühren. Mit geröstetem Brot servieren.

Zucchini-Suppe

2 Zucchini, fein gescheibelt	1 Liter Bouillon
50 g schmale Nudeln	Cayennepfeffer
1 Zwiebel, fein gehackt	Petersilie
1 Knoblauchzehe, zerdrückt	Majoran
Olivenöl	Basilikum

Im Suppentopf vier Eßlöffel Olivenöl heißmachen. Zwiebel und Knoblauch einrühren, die Zucchini einmischen. Kurz anziehen lassen. Mit der Bouillon ablöschen und eine Stunde lang mehr ziehen als kochen lassen. Mit einer Prise Cayennepfeffer, je einer Messerspitze Majoran und Basilikum parfümieren, die Nudeln einrühren und so lange auf kleiner Flamme lassen, bis sie gerade weich geworden sind. Mit gehackter Petersilie bestreut servieren.

Pilzsuppe alla Livornese

250 g Pilze	Marsala
1 Zwiebel, fein gehackt	Mehl
1 Knoblauchzehe, zerdrückt	Pfeffer
1 Büchslein Tomatenpüree	Parmesan, gerieben
Olivenöl	Brotschnitten, geröstet
1 Liter Bouillon	

Im Suppentopf in vier Eßlöffel heißem Olivenöl Zwiebel und Knoblauch anziehen lassen. Die ganz fein gehackten Pilze zugeben – es eignet sich jede Art Pilze (ausgenommen Reizker und Eierschwämme = Pfifferlinge), allein oder gemischt. Gut rühren, zwei Minuten auf kleiner Flamme lassen. Das Tomatenpüree einrühren, mit einem halben Deziliter Marsala verdünnen, zum Kochen bringen und zwei Minuten unter Rühren kochen lassen. Einen Eßlöffel Mehl in einer Tasse mit einem halben Deziliter Marsala verrühren und einmischen. Gut rühren und dann mit der langsam zugegebenen Bouillon vermengen. Pfeffern und eine halbe Stunde ganz leise kochen. In heiße Suppenteller anrichten, je eine Scheibe geröstetes Brot auflegen, mit Parmesan bestreuen. Nicht rühren – der Parmesan soll sich erst am Tisch ganz von selbst mit der Suppe vermischen.

Risotto

500 g Reis (Vialone)	Petersilie
1 Zwiebel, fein gehackt	Bouillon
2 Knoblauchzehen	Safran
Butter oder Olivenöl	Pfeffer

In einer Kasserolle sechs Eßlöffel Olivenöl oder Butter heiß werden lassen. Den trockenen, durch Schütteln in einem Sieb vom Staub befreiten Reis einrühren und auf kleiner Flamme so lange stehen lassen, bis er das Fett aufgesaugt hat. Zwiebel und Knoblauch einrühren, zwei Minuten auf kleiner Flamme stehen lassen. Einen Eßlöffel fein gehackte Petersilie aufstreuen und einen Deziliter Bouillon einmischen. Ein Päcklein Safran einrühren, pfeffern. Nach und nach weitere Bouillon zugeben. Der Reis soll jeweils alle Flüssigkeit aufgenommen haben, bevor man die nächste Portion Bouillon beifügt. Der Risotto muß am Ende der Kochzeit trocken und der Reis soll gerade gar, aber noch körnig sein. Mit geriebenem Parmesan servieren.

Risotto läßt sich nach Belieben verändern: mit kleingehackten Pilzen, mit schmalsten Streifen von Schinken oder Speck, mit kleingehackten Crevetten oder Muscheln usw.

Supplì – Reisküchlein

1 kg gekochter Reis	3 Eier
100 g Parmesan, gerieben	Mehl
1 Zwiebel, fein gehackt	Olivenöl
100 g gekochter Schinken,	Paniermehl
gehackt	Backfett zum Ausbacken
100 g Hackfleisch	Salz, Pfeffer
100 g Mozzarella	

In einer Schüssel 50 g Parmesan, etwas Pfeffer, ein verklopftes Ei und den abgekühlten Reis gut mischen. In der Saucenpfanne zwei Eßlöffel Olivenöl erhitzen, die Zwiebel darin
anziehen lassen, das Hackfleisch zugeben und braunbraten.
Salzen und pfeffern, abkühlen lassen. Dann den Schinken
und ein verklopftes Ei einmischen. Den Mozzarella in kleine
Würfel schneiden. Je eigroß Reis in die linke Hand nehmen, eine Vertiefung in die Mitte machen, einen Mozza-
rellawürfel und eine Portion Sauce einfüllen und zu einer
Rolle formen. In Mehl wenden, in dem verklopften Ei
und anschließend in Paniermehl drehen und schwimmend
im heißen Backfett goldbraun backen. Heiß essen.

Fischer-Omelette

4 Eier	Olivenöl
8 Sardellenfilets	Salz, Pfeffer
1 kleine Zwiebel, gerieben	

Die Zwiebel mit ganz wenig Olivenöl fünf Minuten auf
kleiner Flamme dünsten. Die Eier verklopfen, leicht salzen,
pfeffern und kurz stehen lassen. Die Sardellen mit Küchenpapier abtrocknen und im Mörser zu einer Paste reiben;
mit den abgekühlten Zwiebeln mischen, pfeffern. Aus der

Eiermasse in der Bratpfanne mit Olivenöl vier Omeletten
backen – beidseitig goldgelb! Je eine Seite mit der Fisch-
masse bestreichen, zusammenfalten und heiß servieren.

Fisch sizilianisch

800 g Fischfilets (Dorsch, Kabeljau)	1 Zwiebel, fein gehackt
	1 Knoblauchzehe, zerdrückt
Mehl	Petersilie
Olivenöl	20 grüne Oliven, entsteint
4 Tomaten, geschält, ent- kernt, gehackt	Weißwein
	Salz, Pfeffer
2 Eßlöffel Kapern	

In der Saucenpfanne vier Eßlöffel Olivenöl erhitzen, Zwiebel und Knoblauch darin anziehen lassen. Die Tomaten
und einen Eßlöffel gehackte Petersilie zugeben, salzen und
pfeffern, mit einem Deziliter Weißwein begießen und
20 Minuten auf kleiner Flamme zugedeckt kochen. Die
Fischfilets leicht salzen, pfeffern und in Mehl wenden. In der
Bratpfanne mit Olivenöl braunbraten. Eine feuerfeste flache
Form mit Olivenöl einreiben, die Fischstücke hineinlegen.
Die Oliven in die Sauce mischen und die Fische damit über-
ziehen. Im mittelheißen Backofen ein paar Minuten stehen
lassen. Mit gehackter Petersilie bestreuen und servieren.

Fisch im Teig

250 g Blätterteig, dünn aus- gerollt	Olivenöl
	1 Zitrone
400 g Fischfilets	Oliven, grün, gehackt
Mehl	Salz, Pfeffer

Die Fischfilets in Portionenstücke zerlegen, salzen und pfeffern, in Mehl wenden und in der Bratpfanne mit Olivenöl braunbraten. Aus dem Blätterteig Quadrate schneiden (zirka handgroß), je ein Stück Fisch in die Mitte legen, mit einer sehr dünnen Zitronenscheibe und etwas gehackten Oliven belegen, den Teig zu einem Dreieck falten und im mittelheißen Ofen goldgelb backen.

Dorsch mit Rosinen

800 g Dorschfilets
1 Zwiebel, gerieben
100 g Rosinen (möglichst ohne Kerne)
Weißwein, säuerlich

Olivenöl
Petersilie
Brotscheiben, geröstet
Salz, Pfeffer

In einer Kasserolle Zwiebel, Rosinen, einen Eßlöffel gehackte Petersilie, zwei Eßlöffel Olivenöl, die mundgerecht zerteilten Fischfilets, Salz und Pfeffer mit zwei Dezilitern Weißwein übergießen und zum Kochen bringen. Nach 30 Minuten sollte die Sauce ziemlich eingekocht sein. Geröstete Brotscheiben in Portionenschalen legen, die Fische samt Sauce darüber verteilen, etwas frisch gemahlenen Pfeffer aufstreuen und servieren.

Pizza klassisch

500 g Brotteig vom Bäcker
500 g Tomaten
500 g Mozzarella
2 Büchsen Sardellenfilets

Olivenöl
Origano
Pfeffer

Das Schwierige an einer Pizza besteht darin, einen Bäcker zu finden, der einem Weißbrotteig verkauft. Alles andere ist ein Kinderspiel. Der Teig wird in Stücke geteilt und mit der Hand so geformt, daß er runde, flache Kuchenformen (eingefettet) bedeckt. Der Rand soll etwas dicker sein, wird aber nicht hochgezogen. Den Mozzarella in dünne Scheiben schneiden und den Teig damit belegen; Lücken lassen. Die Tomaten dünn scheibeln, auf die Pizza verteilen, mit den Sardellenfilets ein Muster darauf legen. Pfeffern, mit Origano bestreuen, ein wenig Olivenöl auf die Oberfläche tropfen und im heißen Ofen nur so lang backen, bis der Teig gar, aber noch weich ist. Etwas frisches Öl aufgießen und heiß essen. Pizza soll immer frisch aus dem Ofen kommen und nicht auf dem Tisch warten, bis genügend Portionen beisammen sind – also verteilt man die fertigen Pizze an die Essenden und genießt sie, bis die nächsten Pizze fertig sind.

Bauernpizza

500 g Brotteig vom Bäcker	4 Zwiebeln, dünn geschei-
200 g gekochter Schinken,	belt
streifig geschnitten	2 Eier
200 g Speck, streifig ge-	Butter
schnitten	Weißwein
200 g Parmesan, gerieben	Kümmel
200 g Mozzarella	Salz, Pfeffer

Den Brotteig wie zur klassischen Pizza vorbereiten. Die Zwiebeln mit 25 g Butter in einer Kasserolle weichdünsten. Wenig salzen, mit Kümmel und Pfeffer würzen, auf den Teig verteilen. Mit Schinken- und Speckstreifen und Würfeln von Mozzarella bestreuen. Die Eier mit einem Deziliter Weißwein und dem Parmesan verrühren, pfeffern und über die Pizza gießen. Im heißen Ofen backen, bis die Pizza gar, aber noch nicht hart ist.

Schweinskotelettes alla Orbetello

4 Schweinkotelettes, dick	1 Ei
2 Trüffeln	Olivenöl
100 g gekochter Schinken, fein gehackt	Salz, Pfeffer

In die Kotelettes an der Fleischseite je einen tiefen Schlitz schneiden, so daß eine Tasche zum Füllen entsteht. Das gut verklopfte Ei, die fein gehackten Trüffeln, den Schinken, etwas Salz und Pfeffer verrühren. Die Kotelettes damit füllen, dann salzen und pfeffern, in Mehl wenden und in Olivenöl beidseitig braunbraten.

Schweinskotelettes vom Grill alla Castel del Monte

4 Schweinskotelettes	Thymian
6 Knoblauchzehen	Olivenöl
Rosmarin	Salz, Pfeffer
4 Zwiebeln	

Den Knoblauch zu dünnen Stiften schneiden, in Rosmarin-pulver wenden und die Kotelettes damit spicken. Mit wenig Olivenöl einpinseln und am Holzkohlengrill knusprig braten. Die Zwiebeln an der Spitze mit einem Einschnitt versehen, Thymian einstreuen und gleichzeitig mit den Kotelettes grillieren. Auf heißen Tellern servieren, etwas mit Thymian verriebenes Olivenöl über die Zwiebeln geben, pfeffern, salzen und mit Brot genießen. Man kann dieses Gericht auch in der Bratpfanne zubereiten.

Poulet al Marsala

1 Poulet, in Stücke ge- schnitten	Olivenöl
20 Schalotten	Marsala
Mehl	Salz, Pfeffer

Die Pouletstücke salzen, pfeffern, in Mehl wenden und in einer Kasserolle mit Olivenöl braunbraten. Gleichzeitig die geschälten ganzen Schalotten unter gelegentlichem Wenden mitdünsten. Mit drei Dezilitern Marsala begießen, leicht salzen und pfeffern und zugedeckt so lange auf kleiner Flamme lassen, bis das Pouletfleisch gar ist. Mit Brot essen.

Poulet in Salbei

1 Poulet, zerschnitten	Cognac
100 g Speck, streifig ge- schnitten	10 Salbeiblätter
Mehl	Butter
Weißwein	Salz, Pfeffer

Das Pouletfleisch salzen, pfeffern und mit Mehl einreiben. In einer Kasserolle 100 g Butter heiß werden lassen, die Pouletstücke darin allseitig anbraten. Den Speck zugeben, mit zwei Dezilitern Weißwein übergießen. So lange zugedeckt auf kleiner Flamme leise kochen, bis das Poulet fast gar ist. Nun zugeben: die Salbeiblätter, einen halben Deziliter Cognac. Flamme so klein wie möglich stellen und offen zehn Minuten mehr ziehen als kochen lassen. Mit Brot servieren.

Gefüllte Zucchetti

1 kg Zucchetti
2 Zwiebeln, fein gehackt
1 Knoblauchzehe, zerdrückt
2 Tomaten, geschält, ent-
  kernt und gehackt
Sellerieblätter, gehackt
  (oder gehackter Spinat)
200 g Parmesan, gerieben

1 Ei
100 g Schinken, gekocht,
  fein gehackt
Paniermehl
Olivenöl
Weißwein
Salz, Pfeffer

Die Zucchetti ungeschält in 6 cm lange Stücke schneiden
und in leichtem Salzwasser nahezu gar kochen. Abkühlen
lassen. Dann mit einem Kaffeelöffel das Innere herausschaben.
In einer Saucenpfanne vier Eßlöffel Olivenöl, Zwiebeln und
Knoblauch, Tomaten, Sellerieblätter und das mit der Gabel
zerdrückte Zucchettifleisch anziehen lassen, salzen und pfeffern, mit einem Deziliter Weißwein verrühren und eine
halbe Stunde lang zugedeckt auf kleiner Flamme kochen
lassen. Zum Abkühlen beiseitestellen. In einer Schüssel mischen: das verklopfte Ei, 100 g Parmesan, einen Eßlöffel
Paniermehl, den Schinken, die Gemüsepaste, Pfeffer. Falls
die Masse zu trocken ist, mischt man etwas Weißwein ein;
ist sie zu naß, gibt man Paniermehl zu. Die Zucchettistücke
mit der Mischung füllen. Eine feuerfeste Auflaufform mit
Olivenöl einreiben, die Zucchettistücke aufrecht hineinstellen, zwei Eßlöffel Weißwein einfüllen. Die Oberseiten
mit etwas Paniermehl und dem Rest des Parmesans bestreuen, etwas Olivenöl auftropfen und im mittelheißen
Ofen gratinieren.

Apulischer Salat

1 gelbe Peperone (kann auch von anderer Farbe sein)	Selleriestengel, fingerlang geschnitten
1 Zwiebel, dünn gescheibelt	1 Knoblauchzehe, zerdrückt
1 Bund Radieschen, gescheibelt	2 Sardellenfilets
	Kapern
1 Kopfsalat, zerteilt	Frisches Basilikum
100 g rote Chicorée, in Blätter zerteilt	Olivenöl
	Weinessig (weiß oder rot)
	Salz, Pfeffer

Im Mörser das Basilikum und den Knoblauch mit etwas Olivenöl zerreiben. Die Sardellenfilets zugeben und ebenfalls zerreiben. Mit sechs Eßlöffel Olivenöl verrühren und eine Stunde ziehen lassen. Die Peperone halbieren, entkernen und grob zerschneiden. Die gewaschenen Salatblätter in eine große Schüssel geben, mit den ebenfalls gewaschenen Selleriestengeln, den Radieschen, den Zwiebelscheiben und den Peperoni mischen. In die Ölmischung Salz und Pfeffer, einen Eßlöffel gehackte Kapern und zwei Eßlöffel Essig geben. Erst unmittelbar vor dem Anrichten über den Salat verteilen, vorsichtig durcheinandermengen und servieren. Etwas frischen Pfeffer aus der Mühle auf die Oberfläche streuen.

Himbeerglace alla Siciliana

500 g fertiges Himbeereis (oder mehr...)	Muskat
6 Eigelb	Nelkenpulver
½ Liter Muskateller (süß)	Zucker

Den Muskateller mit 100 g Zucker, einer Prise Nelkenpulver

und etwas Muskat in eine Saucenpfanne geben, unter Rühren auf etwa die Hälfte einkochen. Abkühlen lassen. In einer kleinen Stielpfanne die Eigelb mit dem Schneebesen schaumig schlagen. Den Wein langsam einschlagen, die Stielpfanne in ein größeres Gefäß mit kochendem Wasser halten; ständig mit dem Schneebesen schlagen, bis eine dickliche Creme entstanden ist. Dicke Eisscheiben in gut gekühlte Portionenschalen legen, mit der noch heißen Creme übergießen und sofort servieren.

Zabaione al Marsala

8 Eigelb
Zucker
Marsala

In einer Schüssel die Eigelb mit dem Zucker schaumig schlagen (Schneebesen!). Langsam acht Eierschalen voll Marsala einrühren. In eine kleine Stielpfanne gießen, unter ständigem Schlagen in ein größeres Gefäß mit kochendem Wasser halten. Zu heißem Schaum werden lassen, der aber auf keinen Fall zum Kochen kommen darf. In Portionengläser verteilen und sofort servieren. Zabaione läßt sich auch mit Cognac oder einem passenden Liqueur zubereiten.

Dalmatien

Der Grill von Svinska Draga

Geben Sie sich keine Mühe, auf einer Karte von Dalmatien das Dorf Svinska Draga zu finden. Es heißt ganz anders. Svinska Draga habe ich es getauft, und seither heißt es für mich so. Das hat für den Drucker dieses Buches einen Vorteil: Der richtige Name des Dorfes schreibt sich mit allerlei Akzenten, die nur in einem slawischen Setzkasten vorkommen, und die deshalb der Druckerei große Schwierigkeiten machen würden.

Svinska Draga ist kein großes Dorf. Es besteht eigentlich nur aus zwei winzigen Kneipen, zwei Wohnhäusern und einer Kirche. Die Tür der Kirche ist mit einem Strick zugebunden, aber seltsamerweise läuten ihre Glocken dennoch, wenn's Zeit dazu ist. Von den beiden Wohnhäusern ist das eine die Post, das andere das Verwaltungszentrum. Von den beiden Gasthäusern hat das eine eiskaltes Bier, das von Quellwasser in einer Höhle unter der Straße gekühlt wird. Das andere hat dafür eine Terrasse am Meer und ein Motorboot. Das Motorboot ist zum nächtlichen Fischen eingerichtet und besitzt deshalb einen Generator, der Strom für die starken Lampen erzeugt, mit welchen nächtlicherweile die Fische ins Netz und ins Unheil gelockt werden. Wenn niemand fischen geht, erzeugt der Generator Strom für die Beleuchtung des Gasthauses und der Seeterrasse, die dann im Scheine einiger 15-Watt-Lampen erstrahlen. Wenn man

Glück hat, kann man bei diesem Licht gerade die Zeitung lesen. Das nützt einem aber nicht viel, denn die Zeitung ist kroatisch geschrieben, und das ist vorderhand noch keine der Sprachen, die man bei uns in der Schule lernt. Die Leute von Svinska Draga haben es da schon einfacher. Deutsch können die Älteren, weil das bis 1918 die Umgangssprache mit den Behörden war – damals gehörte die Küste zu Österreich-Ungarn. Italienisch können alle, weil das an der Adria ohnehin die Lingua Franca ist – die Sprache, mit der sich Schiffer und Fischer verständigen.

Svinska Draga ist ein typisches Beispiel für das Phänomen «Dalmatien»: ein schmaler Küstenstreifen mit einer Unmasse von Inseln und Inselchen, den so vor 1600 Jahren ein Steppenvolk zu bewohnen begann. Vom Hinterland ist Dalmatien durch hohe Berge abgeschlossen, durch die nur wenige Straßen ins Innere führen, und auch die sind meist neuen Datums. Was blieb den Dalmatinern übrig, als ihre Sehnsucht nach dem weiten Horizont der Ebenen aufs Meer zu übertragen? So wurden sie Seefahrer. Sie trieben Handel, führten Seekriege und betrieben die Seeräuberei. Die Republik Ragusa mit ihrem slawischen Vorörtchen Dubrovnik zeugt dafür – das Piratennest Perast und die Seefestung Kotor erinnern daran – und die Uzkoken von Senj wurden geradezu der Inbegriff der slawischen Seefahrt und des Widerstandes gegen die ganz Europa bedrohenden Türken, bis ihnen halb Europa den Garaus machte, um mit den Türken zu einer trügerisch friedlichen Koexistenz zu kommen.

Im Herzen aber blieben die dalmatinischen Slawen immer hin- und hergerissen zwischen ihrer Liebe zum Meer und ihrer Liebe zu den Weiden mit Schafen und Schweinen. Man merkt das an ihrer Küche.

Wenn es in Dalmatien Abend wird, beginnen die Holzkohlengrills zu rauchen. Auf ihnen duften Fische – aber noch viel öfter steigt von ihnen der Geruch von gebratenem Schafs- und Schweinefleisch auf. Teils braten sie nebeneinander, als kleine Würfelchen an Spießen steckend. Dann heißt das – also ich muß es phonetisch umschreiben, da der Drucker ja keine slawischen Buchstaben hat: Radschnjitschi. Eigentlich sollte statt Schaffleisch ja das vornehmere Kalbfleisch daran stecken. Aber was kümmert den Wirt von Svinska Draga die Vorschrift des Kochbuchs der gehobenen jugoslawischen Küche? Er verwendet, was seine Vorväter verwendet haben: Schaf. Zum anderen Teil braten beide Fleischarten innig gemischt und zu fingergroßen Frikadellen geformt. Dann heißt das (phonetisch umschrieben): Tschewaptschitschi. Ich habe immer so leicht den Verdacht, daß hinter diesem Wort Tschewaptschitschi das orientalische Wort Schisch-Kebab steckt. Da ich aber nicht Sprachforscher bin, sondern Kochtöpfe erforsche, kann ich das natürlich nicht beweisen. In Bosnien, wo die Türken bis vor hundert Jahren herrschten, gibt es übrigens noch heute Schisch-Kebab beziehungsweise Tschitsch-Kewap. Dies als Grundlage für slawistische Forschungen etwa interessierter Leser… In vornehmen Restaurants, wie sie seit der Invasion Jugoslawiens durch die Touristen aus Mitteleuropa aus dem Boden schossen, wird natürlich schon längst elektrisch gegrillt. Nicht so in Svinska Draga. Da liegen unter den eisernen Grillstäben richtige Holzkohlen. Und wenn man Glück hat und der Vorrat des Wirts noch nicht aufgebraucht ist, wird der Grill sogar mit dem genährt, was das eigentlich Richtige und Beste ist: mit dem Holz von Rebstöcken. Es verleiht den diversen Tschitschi ein Aroma, das man mit nichts anderem erzielen kann. Winzer in Mitteleuropa wissen das ja auch und laden manchmal ihre Gäste zu gebratenen

Würsten ein, die über duftendem Rebholz zubereitet wurden.

Wenn man mit Jugoslawen über ihre Küche spricht, so pflegen sie bescheiden darauf hinzuweisen, daß die von ihren jeweiligen Eroberern und von ihren meist nicht unbedingt friedlichen Nachbarn das meiste übernommen hätte. Knedla seien eigentlich österreichische Knödel, Rizoto sei natürlich der italienische Risotto, Dschuvetsch stamme aus Bulgarien, Musaka aus Griechenland, Paprikasch sei das, was wir ungarisches Gulasch nennen, und die gebackenen Fladen namens Pita seien eigentlich eine italienische Speise, die man auf jugoslawisch nur deshalb nicht mit ihrem ursprünglichen Namen Pizza bedenken dürfe, weil der schon für etwas anderes reserviert ist.

Diese Bescheidenheit der Jugoslawen ist stark übertrieben und unberechtigt. Nicht nur haben sie es verstanden, diese ausländischen Speisen stark abzuändern und für ihren eigenen Geschmack zu ergänzen. Sie haben dazu auch gerade noch ihren Nachbarländern Dinge gegeben, von denen dort niemand mehr weiß, daß sie aus Jugoslawien stammen. Denken wir nur an die vielen ungarischen Paprikaspeisen! In Dalmatien und im Innern des heutigen Jugoslawiens war Paprika schon lange heimisch, bevor der erste ungarische Hirt seine Suppe damit würzte und dadurch das Gulasch erfand. Und die Weintrauben, die heute den Stolz ungarischer Winzer bilden, kamen meist auch aus Jugoslawiens Vorgängerstaaten. Dort waren sie sogar schon heimisch, bevor die ersten Slawen auftauchten. Man findet Weine Dalmatiens bei altgriechischen und römischen Schriftstellern erwähnt, inbegriffen Plinius der Ältere, der keine Gelegenheit ausließ, Weine nicht nur zu erwähnen, sondern auch zu trinken.

Dalmatiens Küche werden Sie nie kennenlernen, wenn Sie als Tourist das Land besuchen und dort so leben, wie sie es von zu Hause her gewöhnt sind und wie die Prospekte des Reisebüros es Ihnen empfehlen. In ganz Jugoslawien besteht eine Kluft zwischen dem, was für die Touristen gekocht wird, und der Küche der einheimischen Bevölkerung. Man kann sie überbrücken, wenn man auf die Restaurants und Hotels verzichtet, die dem Fremden das Essen leicht machen möchten, und statt dessen die Gasthäuser aufsucht, in denen Einheimische zu essen pflegen. Gästen, die an mitteleuropäische Normen des Gastgewerbes gewöhnt sind, fällt das nicht immer leicht. Selbst wenn sie mit Hilfe des Sprachführers herausfinden, was ihnen auf der Speisekarte angeboten wird (meist gibt es nur eine einzige, und der sieht man an, daß sie nicht von heute stammt), wird ihnen manches ungewöhnlich erscheinen. Nicht zuletzt die Tatsache, daß es der einheimische Gast im Restaurant nicht eilig hat – der Wirt und der Koch und der Kellner aber noch viel weniger. Wozu auch? Wer ins Gasthaus essen geht, zeigt damit ja an, daß er Zeit hat. Sonst würde er sich unter einen Baum setzen und sein Essen aus einer Zeitung auspacken. Zudem braucht etwas Gutes seine Zeit. Ganz besonders, wenn es auf dem Grill zubereitet wird. Oder wenn es sich gar um ein Spanferkel handelt, das stundenlang am Spieß über der Glut gedreht wird. Von Hand natürlich, denn eine Maschine kann das nicht.

Ausgerechnet in Svinska Draga, wo die Zeit noch viel weniger wichtig genommen wird als anderswo, saß auf der Terrasse ein Tourist aus Wien und wartete auf sein Essen. Ich weiß nicht, ob er schon mehr als eine Stunde gewartet hatte, als ich ankam. Aber lange muß es gewesen sein. Er hatte vor sich ein Reisegrammophon und zwei Stapel Schlagerplatten.

Die links hatte er schon abgespielt, die rechts sollten noch an die Reihe kommen. Der linke Stapel war bereits ansehnlich hoch. Zu Hause höre er eigentlich nie Schlager, sagte er. «Aber wos soll ma hier mochn?» Woher er dann die vielen Platten habe? Die habe er halt. Der rechte Stapel war sehr klein, als er endlich sein Essen bekam. Ich zweifle daran, daß er in Jugoslawien je so gut gegessen hätte in den Restaurants der Touristen. Freilich hätte er auch dort Tschewaptschitschi bekommen – aber nicht auf Rebenholz gebratene. Und wenn's nur um Tschewaptschitschi ginge – die bekommt man schon in Bregenz. Was wieder einmal beweist, wo der Balkan in Wirklichkeit anfängt. Oder jedenfalls der Einfluß des Balkans...

Das Erstaunliche an der Küche Dalmatiens ist: bisher scheint niemand auf den Gedanken gekommen zu sein, sie nach dem Westen zu exportieren. Ungarische Restaurants gibt's in Mitteleuropa, italienische gibt's, griechische und türkische gibt's – aber haben Sie schon einmal ein dalmatinisches Restaurant irgendwo in Mitteleuropa gesehen? Bestenfalls war es ein serbisches oder ein kroatisches. Aber das ist etwas ganz anderes. Man kann dalmatinisch bei uns nur dann essen, wenn man selber so kocht (indem man Rezepte genau befolgt), oder wenn man das Glück hat, eine Dalmatinerin zu kennen, die nach Mitteleuropa heiratete. Dann kann man zwar nicht à la Svinska Draga essen, wohl aber à la Draga. Denn Draga bedeutet nicht nur eine kleine Meeresbucht, sondern auch: Liebling. Was einmal mehr beweist, wie sehr in Dalmatien die Liebe zu den weiten Horizonten des Meeres im Herzen des Volkes lebt.

Rezepte

Einen Holzkohlengrill brauchen auch Sie. Es geht einfach nicht ohne ihn. Freilich können Sie Fleisch auch auf einem anderen Grill garbraten – sei er elektrisch, mit Gas oder mit sonst etwas «Hitzigem» betrieben. Doch nur der Holzkohlengrill gibt dem auf ihm zubereiteten Fleisch jenen Duft, der nicht nur dem Genießer selber, sondern auch allen hungrigen Hunden im Umkreis einer halben Meile das Wasser im Munde zusammenfließen läßt. Und dieser Duft gehört eben dazu.

Jetzt werden Sie vermutlich zum Katalog eines Versandhauses greifen und die Seiten mit den Grills suchen. Legen Sie diesen Katalog ruhig wieder auf den Farbfernseher, oder wo sonst Sie ihn stets griffbereit aufzubewahren pflegen. Er nützt Ihnen sowieso nichts. Zwar wimmelt es in ihm von Grills, aber von falschen. Nämlich von Grills, die für Poulets und Steaks geschaffen wurden. Sie sind für jugoslawische Spießlein ungeeignet. Erstens haben sie keine Grillgitter mit so engen Öffnungen, wie man sie für kleine Spießlein braucht – durch die meisten Gitter rutschen die einfach durch. Zweitens kann man die Gitter nie so nah an die Glut bringen, wie es nötig ist, um so kleine Dinge zu braten. Beim Grillieren gilt nämlich die Regel: Je kleiner etwas ist, desto näher muß es an die Glut – je größer, desto weiter weg. Der einfachste Weg zu einem richtigen jugoslawischen Grill ist der Selbstbau. Besorgen Sie sich ein Backblech aus einem alten Gasherd. Verschaffen Sie sich ferner einen Grillrost aus dem gleichen Herd – oder aus irgendeinem anderen passender Größe. Und besorgen Sie sich im Laden ein gleich großes Stück Drahtnetz mit kleinen Öffnungen, aber aus dickem Draht. Ferner brauchen Sie zwei Backsteine und vier

Kieselsteine – etwa so groß wie eine Kinderfaust sollten sie schon sein. Die beiden Backsteine legen Sie auf eine passende, nicht wärmeempfindliche Unterlage im Freien. Das Backblech legen Sie darauf und füllen eine etwa zentimeterdicke Schicht trockenen Sandes ein. In jede Ecke kommt ein Kieselstein. Auf den Sand geben Sie einen nicht zu großen Haufen Holzkohlen, über die Sie einen Deziliter Brennspiritus gießen; einen Moment warten und dann vorsichtig mit einem langen Kaminzündholz oder einem Fidibus von der Seite her anzünden. Sie können natürlich, falls Sie haben, unter die Holzkohlen auch sogenannte Kohlenanzünder legen, oder ein Gitter aus trockenen Hölzchen einer leicht brennbaren Holzart. Das bleibt ganz Ihrer Ausbildung als Waldläufer überlassen. Wichtig ist, daß die Holzkohlen stellenweise in Brand geraten. Nun beginnt Ihre wichtigste Aufgabe: das Anfachen und Regeln der Glut. Ob Sie dazu einen Blasebalg verwenden, oder ob Sie mit dem Mund blasen (nicht sehr zu empfehlen...) oder mit einer zusammengelegten Zeitschrift wedeln, ist gleichgültig. Wichtig ist nur, daß die Holzkohlen alle munter zu glühen beginnen. Erst dann breiten Sie den Haufen aus, füllen die Lücken mit weiteren Holzkohlen, die Sie ebenfalls durch Luftzufuhr zum Glühen bringen – und nach einer halben Stunde heißer Arbeit haben Sie dann ein Bett von glühenden Holzkohlen vor sich, die sich zum Grillieren eignen. Die Glut müssen sie sorgfältig unterhalten, damit sich nirgends dunkle Stellen bilden, an denen nichts glüht. Denn dort kann auch nichts richtig grillieren!

Sobald die Glut breit und gleichmäßig geworden ist, legen Sie erst den Herdrost auf die vier Kieselsteine, die als Eckpfosten dienen, und auf den Rost legen Sie das Drahtnetz. Fertig ist der Grill für die jugoslawischen Köstlichkeiten!

Radschnjitschi

400 g Schweinefleisch	Paprika
400 g Hammelfleisch	Scharfe Peperoni
500 g Zwiebeln	Salz, Pfeffer

Das Fleisch in nußgroße Würfel schneiden. Abwechselnd Hammel und Schwein auf Eisenspießlein stecken – nicht zu eng aneinander, denn die Seiten sollen auch gegrillt werden. Auf dem Holzkohlengrill allseitig knusprig braten – nicht zu viele aufs Mal, sondern etwa zwei pro Person, in Abständen von drei Minuten aufgelegt, damit man Zeit dazu hat, das erste zu essen, bevor das zweite ganz gar ist. Fein gehackte Zwiebeln, Paprika, scharfe Peperoni, Salz und Pfeffer auf den Tisch stellen, mit denen sich jeder nach Belieben selber bedient. Brot dazu reichen.

Radschnjitschi werden nicht mit Gewürzen, Kräutern oder gar mit gebratenen Gemüsen parfümiert. Sie sollen nur nach sich selber und nach dem Holzkohlenaroma duften!

Tschewaptschitschi

400 g Rindfleisch	Scharfe Peperoni
400 g Hammelfleisch	Salz, Pfeffer
500 g Zwiebeln	

Alles Fleisch wird zweimal durch den Fleischwolf gedreht und gut gemischt. Salzen, nochmals gut mischen. Daumengroße Röllchen daraus drehen, an Spießlein stecken und auf dem Holzkohlengrill beidseitig braten. Mit gehackten Zwiebeln, scharfen Peperoni, Salz, Pfeffer und Brot servieren.

Fisch vom Holzkohlengrill

2 Fische, geputzt   4 Lorbeerblätter
2 Zitronen   Salz, Pfeffer
Olivenöl

Von allen bei uns leicht erhältlichen Fischen eignen sich besonders Makrelen für diese Zubereitungsart. Beide Fische,
je etwa 600 g schwer, sollten gleich groß sein, damit sie
zugleich gar sind. Sie werden inwendig leicht gesalzen und
gepfeffert. Je zwei Lorbeerblätter einlegen, die Fische der
Länge nach aufspießen, mit Olivenöl bepinseln und auf dem
Grill braten. Den Saft der einen Zitrone mit Olivenöl mischen und die Fische während des Bratens damit von Zeit
zu Zeit beträufeln. Nicht zu lange auf einer Seite braten,
sondern einige Male wenden! Die fertigen Fische mit Zitronenvierteln, Salz, Pfeffer und Brot servieren. Stilecht ist es
auch, zu Fischen vom Grill eine grüne Sauce zu reichen
(siehe Seite 125).

Fischsuppe Portoroz

2 Soles (Seezungen)   Petersilie
200 g Crevetten, tiefgekühlt   1 Orange
2 Zwiebeln, fein gehackt   2 Kartoffeln, gescheibelt
6 Knoblauchzehen, zer-   Olivenöl
    drückt   Safran
4 Tomaten, geschält, ent-   2 Lorbeerblätter
    kernt und gehackt   Thymian
Selleriestengel und -kraut   Salz, Pfeffer

Lassen Sie die beiden Soles im Geschäft filetieren – aber nehmen Sie auch die nicht eßbaren Teile mit nach Hause!
Kochen Sie diese (Kopf, Gräten usw.) in einem Deziliter

ganz leicht gesalzenem Wasser eine halbe Stunde und stellen Sie das abgegossene Kochwasser bereit. In eine Kasserolle geben: sechs Eßlöffel Olivenöl, die Zwiebel, den Knoblauch, eine Handvoll kleingehackte Selleriestengel und -blätter, die Tomaten, einen Eßlöffel grob gehackte Petersilie. Ein paar Minuten anziehen lassen. Dann beifügen: die Kartoffeln, die Lorbeerblätter, einen Mokkalöffel Thymian, die abgeriebene Schale der Orange (zuvor die Frucht mit einem in Schnaps getränkten Küchenpapier gründlich reinigen!), anderthalb Liter Wasser, Salz und Pfeffer, ein Päcklein Safran, das Fischwasser. Zum Kochen bringen und zugedeckt 15 Minuten lang leise kochen lassen. Dann zugeben: die in Streifen geschnittenen Soles. Sobald die Kartoffeln und die Soles gar sind, die Crevetten einmischen. Etwas frisches Olivenöl aufgießen und servieren. Brot dazu reichen.

Kohlsuppe aus Kotor

1 Weißkohl (Kabis)	100 g Speck, klein gewürfelt
1 Zwiebel, fein gehackt	
1 Knoblauchzehe, zerdrückt	1 ½ Liter Bouillon
2 Karotten, dünn gescheibelt	Schweinefett oder Butter
2 Tomaten, geschält, entkernt und gehackt	Muskat
	Pfeffer
2 Lorbeerblätter	

Den Weißkohl auseinandernehmen, die dicken Rippen wegschneiden und ganz dünn scheibeln, die Blätter kreuzweise in Stücke schneiden. Im Suppentopf 50 g Schweinefett oder Butter schmelzen, die Zwiebel und den Knoblauch kurz darin anziehen lassen. Die Kohlstücke dazugeben, gut vermischen und anziehen lassen. Speck, Karotten, Tomaten, Lorbeerblätter zugeben, mischen und anziehen lassen. Mit der Bouillon ablöschen, aufkochen und anderthalb Stunden zugedeckt auf kleiner Flamme kochen. Vor dem Servieren mit Pfeffer und Muskat parfümieren. Zu dieser Suppe kann man in Fett geröstetes Brot reichen.

Linsensuppe à la Trogir

1 Zwiebel, fein gehackt
2 Karotten, gescheibelt
200 g Linsen, eingeweicht
Selleriestengel und -kraut
1 Kartoffel, gerieben

2 Knoblauchzehen, zerdrückt
1 ½ Liter Hühnerbouillon
Weißwein
Salz, Pfeffer

Die Linsen über Nacht einweichen. In den Suppentopf geben, mit einem Liter Hühnerbouillon eine Stunde lang leise kochen. Dann zugeben: Zwiebel, Knoblauch, Karotten, die fein geriebene Kartoffel, eine Handvoll kleingehackte Sellerie, zwei Deziliter Weißwein, den Rest Hühnerbouillon, Pfeffer, nötigenfalls noch etwas Salz. So lange weiterkochen, bis die Linsen gar sind. Mit gerösteten Brotschnitten servieren.

Dorsch dalmatinisch

800 g Dorschfilet, tiefgekühlt
2 Knoblauchzehen, gescheibelt

Petersilie
Olivenöl
Salz, Pfeffer

Die Dorschfilets werden in ganz leicht gesalzenem Wasser gargekocht. In einer Kasserolle sechs Eßlöffel Olivenöl heißmachen, den Knoblauch und einen Eßlöffel grob gehackte Petersilie darin anziehen lassen. Die abgetropften Fischstücke zugeben, kurz erhitzen, salzen und pfeffern; mit einem Eßlöffel fein gehackter Petersilie überstreuen, Brot und (nach Belieben) grüne Sauce (siehe Seite 125) dazu reichen.

Karpfen montenegrinisch

1 großer Karpfen, geputzt	Olivenöl
10 Knoblauchzehen, geschält	Weißwein
	Salz, Pfeffer

Den Karpfen salzen und eine Stunde ziehen lassen. Abtrocknen, inwendig salzen und pfeffern, die Knoblauchzehen einlegen. Den Karpfen mit weißem Faden umwickeln, damit er geschlossen bleibt; in eine feuerfeste Schüssel legen, mit vier Eßlöffel Olivenöl übergießen, in den mittelheißen Backofen stellen. Alle fünf Minuten mit Weißwein begießen. Die Backzeit beträgt 30–40 Minuten. Mit körnig gekochtem Reis oder Brot servieren. Zitronenviertel dazu reichen.

Bosnischer Eintopf

400 g Hammelfleisch	2 Knoblauchzehen, zerdrückt
400 g Schweinefleisch	
100 g Speck, klein gewürfelt	2 Karotten, gescheibelt
8 Kartoffeln, dick gescheibelt	1 Lauchstengel, zerschnitten
	Weißwein
1 Zwiebel, fein gehackt	Schweinefett oder Butter
Petersilie, grob gehackt	Salz, Pfeffer

In einer Kasserolle sechs Eßlöffel Fett oder Butter schmelzen; das nußgroß geschnittene Fleisch darin allseitig anbraten. Zugeben: Zwiebel, Knoblauch, Speck, Karotten, Kartoffeln, Lauch, Petersilie, Salz, Pfeffer, drei Deziliter Weißwein. Auf ganz kleiner Flamme zugedeckt drei Stunden lang mehr ziehen als kochen lassen. Mit dunklem Brot anrichten.

Reistopf Ankica

800 g Hammelfleisch
100 g Speck, gewürfelt
200 g Reis (Karolina)
2 Zwiebeln, fein gehackt
2 Knoblauchzehen, zer-
 drückt

4 Tomaten, geschält, ent-
 kernt und gehackt
Petersilie
Paprika
Schweinefett oder Butter
Salz, Pfeffer

In einer Kasserolle sechs Eßlöffel Fett heißmachen. Das in
nußgroße Stücke geschnittene Fleisch darin allseitig anbraten. Zwiebeln und Knoblauch einrühren. Anziehen lassen.
Tomaten, Speck und zwei Eßlöffel grob gehackte Petersilie
zugeben. Mit einem Kaffeelöffel Paprika überstreuen. Mit
einem halben Liter Wasser ablöschen. Zum Kochen bringen,
salzen und pfeffern. Anderthalb Stunden zugedeckt leise
kochen lassen. Den gewaschenen Reis einrühren, noch so
lange auf dem Feuer lassen, bis er gerade gar ist. Nötigenfalls in kleinen Portionen Wasser zugeben. Der Reis soll alle
Flüssigkeit aufsaugen. Kurz vor dem Servieren noch etwas
Paprika einrühren. Man kann dieses Gericht auch mit Rind-,
Kalb- oder Schweinefleisch zubereiten, muß dann aber noch
mit Thymian, Majoran oder Rosmarin parfümieren.

Schinken in Kohl

1 Weißkohl (Kabis)
600 g Schinken, gekocht
4 Tomaten, geschält, ent-
 kernt und gehackt
1 Zwiebel, fein gehackt
2 Knoblauchzehen, zer-
 drückt

1 roter Peperone, entkernt
 und gehackt
Schweinefett oder Butter
Weißwein
Paprika
Salz, Pfeffer

In einer Kasserolle sechs Eßlöffel Fett oder Butter schmelzen. Zwiebel, Knoblauch und Peperone kurz anziehen lassen. Den Kohl zerteilen, die dicken Rippen herausschneiden und die Blätter in breite Streifen teilen. In die Kasserolle geben und unter Rühren anziehen lassen. Die Tomaten zugeben, mit einem Kaffeelöffel Paprika überstäuben, ein Deziliter Wasser und zwei Deziliter Weißwein eingießen, salzen und pfeffern. Zum Kochen bringen und zugedeckt eine halbe Stunde kochen lassen. Den Schinken in breite Streifen schneiden und zugeben. Noch so lange weiterkochen, bis der Kohl gar ist. Mit dunklem Brot servieren.

Dschuvetsch

800 g Hammelfleisch	4 Knoblauchzehen, gehackt
500 g Kartoffeln, dick ge-scheibelt	1 Zucchetto, dünn geschei-belt
4 Peperoni, entkernt und grob zerschnitten	Olivenöl
500 g Tomaten, geschält, entkernt und geviertelt	Bouillon
2 Zwiebeln, dick geschei-belt	2 Lorbeerblätter
	Rosmarin
	Salz, Pfeffer

Das Fleisch nußgroß würfeln. In einer Kasserolle sechs Eß-löffel Olivenöl heißmachen, das Fleisch darin allseitig an-bräunen. Flach verteilen, leicht salzen, pfeffern und mit et-was Rosmarin würzen. Die Lorbeerblätter zugeben. Dar-überschichten: Zucchetto – Tomaten – Zwiebeln und Knob-lauch – Peperoni – Kartoffeln. Jede Schicht leicht salzen und pfeffern. Drei Deziliter Bouillon einfüllen, etwas Rosmarin aufstreuen, zum Kochen bringen und zugedeckt auf ganz kleiner Flamme zwei Stunden lang mehr ziehen als kochen

lassen. Man kann das Gericht auch im Backofen bei ganz
kleiner Hitze zubereiten. Mit körnig gekochtem Reis oder
Brot servieren.

Grüne Sauce

½ Zwiebel, gerieben	Senf, mild
1 Zitrone	2 Gewürzgurken
6 Sardellenfilets	Petersilie
Olivenöl	Salz, Pfeffer

Die Sardellen auf Küchenpapier vom Öl befreien und im
Mörser zu Paste reiben. Einen Eßlöffel fein gehackte Petersilie, die Zwiebel und etwas Salz und Pfeffer damit gründlich
verreiben. Drei Eßlöffel Senf einmischen, mit vier Eßlöffel
Olivenöl gut verreiben. Den Saft der Zitrone damit verrühren, die ganz klein gehackten Gewürzgurken einmischen.
Nach Belieben salzen und pfeffern.

Dalmatinischer Gerstentopf

600 g Schinken, gekocht	1 Zwiebel, grob gehackt
200 g Speck, gewürfelt	1 roter Peperone, entkernt
250 g Rollgerste	und gehackt
250 g weiße Bohnen, ge- trocknet	Petersilie
	Olivenöl
2 Knoblauchzehen, zer- drückt	Paprika
	Salz, Pfeffer

Die weißen Bohnen über Nacht in Wasser einweichen. In
leicht gesalzenem Wasser weichkochen. Die Rollgerste in
leicht gesalzenem Wasser weichkochen. In einer Kasserolle
sechs Eßlöffel Olivenöl heißmachen, Zwiebel, Knoblauch,
zwei Eßlöffel grob gehackte Petersilie und Peperone an-

ziehen lassen. Mit einem Kaffeelöffel Paprika bestreuen, salzen und pfeffern, drei Deziliter Wasser eingießen, aufkochen und so lange zugedeckt auf kleiner Flamme lassen, bis die Gemüse sehr weich geworden sind. Bohnen und Gerste (beide abgetropft) einrühren, Speck und den in größere Würfel geschnittenen Schinken zugeben, eine Viertelstunde mehr ziehen als kochen lassen. Mit einem Eßlöffel fein gehackter Petersilie bestreuen und servieren. Dunkles Brot dazu reichen.

Nudeltopf à la Svinska Draga

500 g grüne Bohnen, geputzt, halbiert
1 Zwiebel, fein gehackt
2 Knoblauchzehen, zerdrückt
2 Tomaten, geschält, entkernt und gehackt
100 g Speck, klein gewürfelt

200 g breite Nudeln, gebrochen
Olivenöl
Petersilie
Paprika
100 g Parmesan, gerieben
Salz, Pfeffer

In einer Kasserolle vier Eßlöffel Olivenöl heißmachen, die Zwiebel und den Knoblauch darin anziehen lassen. Die Bohnen zugeben, gut mischen und anziehen lassen. Speck und Tomaten zugeben, mit einem Kaffeelöffel Paprika überstäuben, salzen und pfeffern, einen Deziliter Wasser eingießen. Zugedeckt auf kleiner Flamme so lange leise kochen, bis die Bohnen gar sind. Die Nudeln inzwischen in leichtem Salzwasser gerade garkochen. Das Kochwasser abgießen, die Nudeln mit den Bohnen mischen, den Parmesan einrühren, etwas Paprika und Petersilie aufstreuen und servieren. Paßt als Beilage zu gebratenem Fleisch.

Honigäpfel à la Babitza

4 große, feste Äpfel	Butter
Honig	Zucker
Weißwein	Muskat

Aus den Äpfeln mit scharfem Messer von der Blüte her ein Stück herausholen, ohne die Stielseite zu verletzen. Mit Honig füllen. Die Äpfel in eine feuerfeste Form geben, drei Eßlöffel Weißwein einfüllen und im heißen Ofen backen. In einer Pfanne vier Eßlöffel Zucker, eine Prise Muskat und 25 g Butter heiß werden lassen, gut verrühren und dann über die fertigen Äpfel verteilen. Sehr heiß servieren.

Honigkuchen à la Stolac

500 g Grießbrei, ziemlich dick gekocht	Zimtpulver
	100 g Pinienkerne
200 g Butter	1 Zitrone
200 g Zucker	250 g Honig
4 Eier	

In einer Schüssel die Butter schaumig schlagen. Nach und nach den Zucker, einen Kaffeelöffel Zimtpulver, die gut verklopften Eier, den Grießbrei einrühren. Die Pinienkerne in ganz wenig Butter leicht anrösten, abkühlen lassen, in den Teig rühren. In eine mit Butter ausgestrichene Backform füllen – nur bis zur halben Höhe! Im mittelheißen Ofen 45 Minuten backen. Die Oberseite soll nur wenig bräunen. In einer Pfanne den Honig, den Saft der Zitrone, die abgeriebene Rinde der halben Zitrone und vier Eßlöffel Wasser heißmachen und zu einem Sirup rühren. Über den backheißen Kuchen gießen, die Oberfläche mit einer Gabel mehrmals einstechen, abkühlen lassen. In der Form servieren.

Griechenland

Das Land der Griechen mit der Kelle suchend...

Wer eine Schule besucht hat, die auch nur im entferntesten ihrem Namen Ehre machte, der weiß: Ungefähr alles, was unser Leben lebenswert macht, verdanken wir den alten Griechen. Die Demokratie. Die Algebra. Die Philosophie. Den Wein. Die Geometrie. Die Hygiene. Die Dichtungen Homers. Die Techniken der Liebe. Die klassische Kunst. Den Sport. Das Theater. Die Blutwurst. Die gehobene Prostitution. Die Reisebeschreibung. Das Olivenöl. Die Kriegsberichterstattung. Die griechischen Fremdwörter. Die Versmaße. Die Buchstaben Th und Ph. Nur eines verdanken wir den alten Griechen nicht: die Kochkunst.
Zwar haben die alten Griechen gekocht. Immer wieder erwähnten sie Speisen in der Literatur, und die bereits angeführte Blutwurst kommt sogar in der Odyssee vor, wenn auch in einem sehr unbestimmt gehaltenen Rezept. Was es aber nicht gibt, ist ein griechisches Kochbuch. Für die alten Griechen war Kochen etwas so Selbstverständliches, daß sie gar nicht daran dachten, es in einem Buche aufzuschreiben. Das älteste antike Kochbuch, das überliefert wurde, stammt zwar von einem Griechen und wurde dem Apicius gewidmet, doch seine Rezepte sind römisch. Wir können aber darauf schließen, daß die alten Griechen sehr gut kochten und sich in der Küche alle Mühe gaben. Nicht nur wegen der vielen Erwähnungen in der Literatur, sondern auch aus

allerlei anderen Details. Man erinnert sich da an die Frau des Philosophen Sokrates, die berühmte Xantippe. Daß sie als angeblich böses Weib sprichwörtlich wurde, ist sicher ein Mißverständnis. In Wirklichkeit war es wohl so, daß sie eine vorzügliche Köchin war – und es mußte sie natürlich in Wut und Weißglut versetzen, wenn ihr Ehemann ständig auf dem Marktplatz herumlief und mit allerlei Gesindel und brotlosen Personen weise Gespräche führte, statt zum wohlbereiteten Mahle fürbaß nach Hause zu schreiten.

So wenig man von der Küche der alten Griechen weiß, so viel weiß man von der Küche der heutigen Griechen. Sie ist eine der wenigen nationalen Küchen, die ständig unter den Augen der Gäste stattfinden. Während in unseren Gegenden der Koch sein Handwerk hinter den soliden Mauern der Küche ausübt und sogar die Hausfrau es nicht liebt, wenn man in ihr Kochheiligtum eindringt, kocht der griechische Küchenchef in aller Öffentlichkeit. Seine Pfannen und Töpfe stehen ohne Deckung gegen Sicht in der Taverne. Jeder kann ihm zusehen, jeder kann in seine Töpfe schauen, jeder kann aus seinen Gefäßen probieren. Nichts wäre für einen griechischen Koch ärger, als wenn er kein Publikum hätte.

Dennoch – die griechische Küche gibt manche Rätsel auf. Niemand hat je herausfinden können, warum in Griechenland das Sprichwort «Nichts wird so heiß gegessen wie gekocht» zum Extrem geführt wurde, indem man nicht nur weniger heiß ißt, sondern höchstens lauwarm. Das Klima kann's nicht sein, denn selbst im kalten Winter gibt es in Griechenland keine wirklich warmen Speisen, und in noch viel heißeren Klimaten ißt man viel wärmer. Der Wohlgeschmack ist's auch nicht, denn alle griechischen Gerichte gewinnen ungemein, wenn man sie heiß serviert.

Ein anderes ungelöstes Rätsel: Warum überschwemmen die griechischen Köche ihre Meisterleistungen mit Olivenöl? Die anderen Mittelmeervölker verwenden Olivenöl auch nicht eben zaghaft – außer in manchen italienischen Gerichten, von denen es heißt, eine Braut könne sich auf sie setzen, ohne daß ihr weißes Kleid Fettflecken bekäme. Aber ein griechischer Koch, der seinen Fisch oder sein Gemüse nicht durch drei Zentimeter Öl schimmern sieht, glaubt seinen Beruf verraten zu haben.

Und noch ein Mysterium: Wieso wird in Griechenland, das einige der besten Weine des ganzen Mittelmeergebietes produziert, sozusagen nie mit Wein gekocht? Es gibt ein paar wenige Rezepte, die Wein enthalten. Sie erinnern aber penetrant an Rezepte aus Frankreich und Italien, und da ausgewanderte Griechen ihr Lebensende wenn immer möglich wieder in Griechenland verbringen, liegt es sehr nahe, daß sie außer dem verdienten Geld auch die erworbenen Kenntnisse ausländischer Küchen mit nach Hause nehmen und dort nützlich anlegen.

Bereits diese drei Bemerkungen werden Ihnen den Gedanken nahebringen, daß in Griechenland manches anders sei als bei uns. Weiß der Himmel, so ist es. Die Griechen selber wissen das auch, denn wenn sie vom Athener Hafen Piräus nach dem apulischen Brindisi fahren, das für uns schon der Inbegriff tiefsten Mittelmeeres ist, so sagen sie: Wir fahren nach Europa. Reisen sie aber nach Istanbul, das sie natürlich Konstantinopel nennen, so sagen sie: Wir fahren nach Asien. Es gibt für die Griechen also einen nur für sie offiziellen Kontinent zwischen Europa und Asien, und der heißt Griechenland. Damit haben sie, wie mit so vielem anderen auch, durchaus recht. Griechenland ist eine Welt für sich.

Es gibt heute sehr viele Mitteleuropäer, die das Land der

Griechen nicht nur mit der Seele gesucht, sondern auch mit einer Reisegesellschaft besucht haben. Man hat sie durch die Tempel der Akropolis geschleust und durch Olympia, durch Mykene und Delphi, und wenn sie mehr Zeit und Geld verbrauchen konnten, waren sie auch auf Rhodos, Kreta und Mykonos. Sie haben in Griechenland alles kennengelernt, außer Griechenland selber. Denn was sie sahen, waren die Sehenswürdigkeiten Griechenlands, aber nicht seine Liebenswürdigkeiten. Die lernt man erst kennen, wenn man außerhalb einer geführten Horde durch Griechenland reist, und wenn man alles zum Wohle der Touristen Organisierte (und das ist viel!) strikte meidet.

Zu den Liebenswürdigkeiten Griechenlands gehören seine Gasthäuser. Wo immer es möglich ist, vier krummgewachsene Äste in den Boden zu stecken und aus Schilf ein Dach darüber zu bauen, gründet der Grieche ein Café. Wo er dazu noch einen Herd basteln kann, gründet er eine Taverne. Was die Sache für ihn teuer macht, ist nicht das Gebäude. Das sind vielmehr die Stühle. An sich sind sie billig – jene aus hartem Holz von Hand geschnitzten Geräte, mit geflochtenem Schilf als Sitz, die es überall am ganzen Mittelmeer gibt. Aber: ein griechischer Gast im Café benötigt mindestens vier solche Stühle. Auf einem steht der Kaffee, daneben das große Glas mit kaltem Wasser. Auf je einem Stuhl ruhen seine beiden Füße. Auf dem vierten Stuhl sitzt er, beziehungsweise wippt er rhythmisch vor und zurück. Das gilt fürs kontinentale Griechenland. Auf Cypern braucht jeder Gast noch zwei weitere Stühle, auf die er je einen Arm legt. Wer nicht über genügend Kapital oder Verwandte verfügt, um sich mit Stühlen zu versehen, der hat als Wirt in Griechenland einen schweren Start. Dafür hat er's leichter, die Vorschriften der Hygienepolizei zu befolgen. Soweit meine Forschungen reichten, habe ich nie etwas von ihrem Vorhandensein bemerkt. Was in der Schweiz jede noch so kleine Landkneipe an hygienischen Ansprüchen erfüllen muß, das sind in Griechenland selbst in einem Operationssaal noch Idealvorstellungen. Der griechische Wirt verwendet seine Kräfte nicht darauf, seine Räumlichkeiten im besten Stand zu halten, sondern er konzentriert sie auf seine Küche. Dort leistet er, was für ihn menschenmöglich ist. Das gilt für das kleinste Vierpfahl-Unternehmen irgendwo in Thrakien ebenso wie für die angesehenste Athener Taverne.

Unsere Lehrer, die Griechenland vorwiegend aus den Werken Friedrich Hölderlins kennen, der auch nie in Griechenland war, pflegen uns beizubringen: die Griechen trinken den Wein nie unvermischt. Damit geruhen sie zu sagen, daß die Griechen Wasser in den Wein schütten. Ich bin monatelang in Griechenland gereist, und ich habe tatsächlich ein paarmal gesehen, wie durstige Griechen ihr Wasser mit etwas Wein verbesserten. Das geschah aber nicht öfter, als etwa ein durstiger Münchner sein Bier mit Wasser verdünnt (anstatt dieses Geschäft der Brauerei zu überlassen...). Was hingegen tatsächlich passiert: die Griechen trinken nie etwas Alkoholisches, ohne dazu etwas zu essen. Das ist eine Sitte, die ich Ihnen bestens empfehlen möchte. Erstens ganz allgemein. Zweitens in bezug auf unsere griechischen Speisen. Ein glückliches Geschick mag es Ihnen bescheren, daß Sie in einem Geschäft Ihrer Stadt griechischen Wein finden, oder gar den griechischen Anisschnaps namens Ouzo (gesprochen: Uso). Unter «Wein» verstehe ich nicht den klebrig-süßen Samos, sondern richtige Tischweine – und das sind in Griechenland vor allem die mit Pinienharz parfümierten Arten, die Retsina heißen. Wein mit Harzgeschmack? Der erste Schluck, das kann ich Ihnen sagen, kommt Ihnen so vor, als habe ein Maler seine Pinsel voll Ölfarbe in diesem Wein gereinigt. Beim zweiten Schluck finden Sie bereits: Dieser Maler könnte Picasso oder Michelangelo gewesen sein. Und beim dritten Schluck werden Sie sagen: «Das ist ein Wein für Götter!» Wenn das bei Ihnen nicht der Fall ist, so gehören Sie leider zu jener Gruppe von Menschen, für die eine Flasche «Liebfraumilch» aus den Kellereien der Firma Bayer in Leverkusen oder der Hoechster Farbwerke den Inbegriff eines guten Weins darstellt. Und solchen Leuten ist nicht zu helfen.

Schon einmal habe ich geschrieben: Es ist einfach nicht wahr, daß man Wein nur an seinem Ursprungsort trinken kann. Das Wort «Wine does not travel» ist mindestens so blöde wie «Lange Haare, kurzer Verstand». Lassen Sie sich nicht einmal von einem Griechen weismachen, man könne in Mitteleuropa keinen Retsina trinken. Man kann. Natürlich schmeckt er besser, wenn Sie ihn bei einem Weinbauern in Markópoulo genießen, von wo der beste Retsina stammt. Oder wenn Sie ihn in jenem köstlichen Weinlager in Nafplion trinken, wo ich einmal einen Abend lang aus jedem Faß eine Karaffe voll genoß und dazu zwei zerzauste Katzen mit Crevetten fütterte, während ein paar Häuser entfernt ein griechischer Musikverein lebhaft, aber vergeblich versuchte, einen europäischen Marsch herunterzublasen. Aber auch bei uns schmeckt eine Flasche Retsina göttlich. Und gibt es nicht noch andere griechische Tischweine, die nicht geharzt sind? In einem ganz gewöhnlichen Warenhaus einer deutschen Großstadt habe ich schon ausgezeichneten thrakischen Rotwein gefunden, der erst noch billiger war als das zurechtgemachte Zeug, das dort als «naturreiner Südtiroler Rotwein» angeboten wurde.

Wenn Sie aber, liebe Leser, griechischen Wein trinken, so tun Sie's wie die Griechen: Essen Sie eine Mezè dazu! Das ist ein Teller voll kleiner Leckereien, von denen Sie Rezepte in diesem Buch finden. Schlingen Sie diese Mezè auch dann nicht herunter, wenn Sie Hunger haben. Eine Mezè, wie alles in Griechenland, benötigt Ruhe. Temperament dürfen Sie nur in der Diskussion entwickeln. Wobei es gar nicht etwa Ihre eigene Meinung sein muß, die Sie temperamentvoll vertreten. Bedenken Sie: Im alten Griechenland standen Philosophen an jeder Straßenecke und vertraten Ansichten um des Diskutierens willen. So ist das noch heute. Die Freude daran, einen Gedanken auszuspinnen und zu verteidigen, ist in Griechenland viel größer als die Freude an der Preisgabe der eigenen Ansichten. Zudem auch ungefährlicher...

Zur Mezè trinkt man nicht nur Wein. Man trinkt dazu vor allem Ouzo. Das ist ein Schnaps, der aus den Resten der Weintrauben gebrannt wird, wie sie nach dem Abpressen des Traubenmostes zurückbleiben. Damit sie nach etwas Gutem duften, werden sie mit Anis parfümiert. Gewisse Nichtswisser in Europa haben aus dem Anisduft schon geschlossen, es handle sich bei Ouzo um eine Art Absinth, und haben darum die Einfuhr von Ouzo verboten. Schande über sie. Im Ouzo ist keine Spur von jener Pflanze, die den Absinth zu einem Gift macht. Nur das gleiche Parfüm – Anis – wird für beide verwendet. Den Ouzo trinkt man aus kleinen Gläslein, höchstens einen Zentiliter enthaltend, wobei man ihn erst noch mit Wasser verdünnt. Das bringt das Anisöl dazu, sich in winzigen Tröpflein auszuscheiden, die das Getränk milchig trüben. Vielleicht kommt es Ihnen anfänglich seltsam vor, zu einem nach Anis duftenden Trank Oliven oder Schafkäse, gesalzene Sardellen oder gebackene Leberschnitten zu essen. Aber Sie werden sich daran gewöhnen.

Ein eigener Kontinent, der weder Europa noch Asien ist, hat eben seine eigenen Sitten – und es sind, ich kann's Ihnen versichern, zum großen Teil Sitten, die Ihnen bald zusagen werden!

Was Ihnen an der griechischen Küche gewiß noch seltsam vorkommen wird, ist ihre Begeisterung für Zitronen. Die heißen in Griechenland «limoni», obschon es keine Limonen sind, sondern ganz gewöhnliche Zitronen, wie es sie auch bei uns gibt. Mag sein, daß Italien das Land ist, in dem die Zitronen blüh'n. Aber Griechenland ist das Land, in dem sie ununterbrochen verwendet werden. Ich glaube, daß der Zitronenkonsum Griechenlands gut halb so groß ist wie der Brotkonsum. Es ist fast unmöglich, in Griechenland etwas Gutes zu bekommen, ohne daß Zitrone darin enthalten ist, oder wenigstens dazu serviert wird. Genau so, wie Sie in Griechenland in keinem Café und in keiner Taverne und in keinem Restaurant etwas bestellen können, ohne daß man Ihnen ein Glas Wasser dazu serviert. Ich hab's noch nicht probiert, aber ich glaube: wenn Sie dort ein Glas Wasser bestellen, bringt man Ihnen zwei Gläser voll Wasser. Das bestellte, und das selbstverständliche Glas Wasser dazu. Wasser ist in Griechenland, wo Wasser kostbar ist, eine wahre Religion. Kein noch so kleines Dorf, das nicht stolz wäre auf sein Wasser und wo man Ihnen nicht sofort sagt: «Wir haben hier das beste Wasser von ganz Griechenland!» Es gibt in Griechenland überhaupt nur Ortschaften mit dem besten Wasser des ganzen Landes. Ich finde, man sollte mindestens etwas von dieser griechischen Sitte bei uns einführen: daß man zu jeder Tasse Kaffee ein Glas Wasser serviert. Denn der Geschmack, den Kaffee im Munde hinterläßt, ist alles andere als erhaltenswert. Je gründlicher man ihn herunterspülen kann, desto lieber hat man den Kaffee...

Apropos Kaffee. Er gehört als Abschluß zum griechischen Mahle. Man trinkt ihn nicht in der Taverne, sondern im nächsten Café. Und ebenso natürlich ist er kein Filterkaffee, sondern aus pulverfein gemahlenen Bohnen, Zucker und Wasser gekocht und mitsamt allem Satz serviert. Seine Zubereitung und seine Benennung, die nach dem Zuckergehalt vor sich geht, sind eine Wissenschaft. Lassen Sie sich dadurch nicht beirren. Auch Sie können einen griechischen Kaffee kochen. Schließlich gebe ich Ihnen das Rezept dazu. Und wenn das nicht genügt: neuerdings gibt es bei uns einen griechischen «Instant-Kaffee», den man nur mit heißem Wasser anrührt, und der den Satz bereits enthält. Selbst die Griechen finden ihn gut, und das will etwas heißen.

Sogar jene Touristen, die Griechenland nur aus der Perspektive der Xenia-Hotels und der geführten Rundreisen kennen, haben mindestens einmal jene Süßigkeiten vorgesetzt bekommen, die unter dem fälschlich auf alle Arten ausgedehnten Namen «Baklavà» bekannt sind. Gebäck, das aus hauchdünnen Teigscheiben besteht, zu dicken Kuchen aufeinandergelegt, mit Mandeln oder Pistazien gefüllt, und schließlich mit dickem Honigsirup und Hammelfett getränkt. Sie werden dazu kein Rezept in diesem Buche finden. Es ist eine betrübliche Tatsache, daß es keine Möglichkeit gibt, in Mitteleuropa solches Gebäck herzustellen. Selbst in Griechenland macht die Hausfrau die Teigscheiben nicht selber, sondern sie bezieht sie fertig bei einem Spezialisten, der die schwierige Technik der Herstellung von Kindesbeinen an gelernt haben muß, bevor er sie beherrscht. Ich kann Ihnen nur raten: verzichten Sie darauf, Baklavà nachahmen zu wollen. Genießen Sie diese Köstlichkeit, wenn Sie auf einer Reise nach Griechenland kommen, oder wenn Sie ein gutes griechisches Restaurant in Mitteleuropa antreffen.

Und verzichten Sie ebenso darauf, Lokoum selber herstellen zu wollen – jene Würfel aus einer gelatinösen, süßen, parfümierten Masse, die in Griechenland so selbstverständlich sind. Es wird Ihnen nie gelingen. Manche Geschäfte führen sie bei uns; wenn Griechenland oder die Türkei als Ursprungsland angegeben sind, so kann ich Ihnen den Kauf empfehlen. In anderen Ländern bereitet man Lokoum auf eine Art, die nicht zur griechischen Küche paßt.

Haben Sie bemerkt, daß ich in diesem Kapitel – im Gegensatz zu allen bisherigen – gar keine geschichtlichen Tatsachen erwähnte? Mit Absicht. Die griechische Geschichte wird uns in der Schule so ausgiebig vorgekaut, daß kein Mensch während seines weiteren Lebens jemals wieder etwas von griechischer Geschichte hören möchte. Und wäre es ein noch so interessantes Kapitel daraus. Dafür erfahren wir in der Schule auch nicht das geringste davon, was die Griechen außer Geschichte und den Errungenschaften, die unser Leben verschönern, sonst noch hinterließen. Und schon gar nichts von ihrer Küche. Ich weiß nicht, ob Lehrer auch essen. Wenn ja, fände ich es heilsam, wenn sie sich nicht nur mit Perikles befaßten, sondern auch mit Piperies yemistes. Und nicht nur mit der Anabasis, sondern auch mit Anginares. Denn das brächte uns Griechenland näher. So nahe, wie ich hoffe, es Ihnen mit den Rezepten dieses Buches zu bringen...

Rezepte

Mezè

Eine Mezè ist etwas, das sich nicht übersetzen läßt. Sie ist kein Hors-d'œuvre und keine Beilage, und sie dient nicht – wie jene gesalzenen Mandeln und Pommes Chips in Westeuropa – zur Vergrößerung des Durstes zahlungsfähiger Wirtshausgäste. Sondern sie dient dazu, jenen beherzigenswerten griechischen Grundsatz zu verwirklichen: Man trinkt nicht, ohne etwas dazu zu essen.

Immerhin kann man wenigstens schildern, wie eine Mezè aussieht. Nämlich so: ein Teller, auf dem irgend etwas herumliegt, das man mit Hilfe von Zahnstochern oder seiner eigenen Finger in kleinen Portionen essen kann. Beispiele: drei grüne oder schwarze Oliven – ein Stücklein geräucherte Wurst – ein paar kleine Würfel aus Schafkäse – eine gesalzene Sardine (liebevoll vorbereitet) – ein paar Stücklein kalte Fleischreste – sauer eingemachte Gemüsestücke – ein paar Würfel gebratenes Hühnerfleisch – drei Crevetten – gebackene Leber, in Würfel geschnitten – Gurkenscheiben mit Joghurt – geröstetes Brot – und so weiter. Die Menge und die Art der servierten Kleinigkeiten hängt vom kulinarischen Rang des Gasthauses, von den Möglichkeiten der Gegend, von der Freundlichkeit des Wirtes, vom Ansehen des Gastes und von noch anderen Einflüssen ab. Aber Sie haben sicher jetzt schon die Idee begriffen, die dahintersteckt. Weshalb Sie unschwer selber eine Mezè ausdenken können. Und achten Sie darauf: Eine Mezè ist keine Mahlzeit, sondern eben eine (unübersetzbare) Mezè. Man ißt sie nicht, um satt zu werden. Man ißt sie, damit man nicht trinkt, ohne etwas zu essen. Weshalb eine Mezè stets zu etwas Trinkbarem serviert wird. Manchmal auch ohne etwas Trinkbares. Niemals aber wird etwas Trinkbares ohne eine Mezè vor den Gast gestellt. Außer natürlich Coca-Cola, Kaffee und dergleichen.

Dolmades

Rebenblätter	Korinthen
200 g Reis (Karolina)	Olivenöl
2 Zwiebeln, fein gehackt	Zitrone
20 g Pinienkerne, gehackt	Salz, Pfeffer
Pfefferminzblätter, frisch	

Rebenblätter gibt es als Konserven zu kaufen. Es empfiehlt sich nicht, frische Blätter zu verwenden, da sie – wenn jung genug – meist gespritzt sind. Eine Büchse enthält 40–50 Blätter in einer Salzlake; man gießt die Brühe ab und trennt die Blätter während der Zubereitung einzeln von dem Stapel. Doch zunächst die Füllung! In einer Saucenpfanne vier Eßlöffel Olivenöl erwärmen. Die Zwiebeln hineingeben, anziehen lassen. Unter Rühren den gut gewaschenen und getrockneten Reis eingießen und so lange auf kleiner Flamme lassen, bis er glasig geworden ist. Gut rühren! Zugeben: die Pinienkerne, einen Eßlöffel kleingehackte Pfefferminzblätter (oder Dill, Kerbel, Petersilie, je nach Möglichkeit), einen Eßlöffel kleingehackte Korinthen, Salz und Pfeffer. Rühren und dann so viel heißes Wasser zugeben, daß es fingerbreit über dem Reis steht. Auf kleiner Flamme unter gelegentlichem Rühren kochen lassen, bis der Reis gar ist. Nötigenfalls portionenweise heißes Wasser zugeben. Der Reis soll, wenn er gerade weich ist, alle Flüssigkeit aufgesaugt haben. Die fertige Reisfüllung läßt man abkühlen, bevor sie weiter verarbeitet wird.

Nun legt man auf eine hölzerne Unterlage ein Rebenblatt, gibt am Stielende ein Röllchen Füllung von der Größe eines kleinen Fingers darauf, schlägt die seitlichen Blätterteile um und wickelt daraus eine nicht zu dicke Rolle. Eine flache Pfanne wird mit einer Lage Rebenblätter belegt, auf die man Röllchen für Röllchen dicht nebeneinander bettet. Sind alle Blätter aufgebraucht, so füllt man noch ein: den Saft einer halben Zitrone, mit einem Deziliter Wasser und etwas Salz gemischt. Die Pfanne wird zugedeckt auf kleiner Flamme anderthalb Stunden am leisen Kochen – besser am Ziehen – gehalten. Die fertigen Dolmades ißt man erst, wenn sie erkaltet sind. Sie eignen sich als Bestandteile der Mezè.

Kartoffelküchlein

500 g Kartoffeln, in der	2 Eier
Schale gekocht	Olivenöl
100 g Parmesan, gerieben	Petersilie
Mehl	Salz, Pfeffer
Butter	

Die Kartoffeln werden, wenn sie noch lauwarm sind, geschält, durchgetrieben und mit 25 g Butter durchgeknetet. In einer Schüssel mischen: Parmesan, vier Eßlöffel Mehl, Salz, Pfeffer, einen Eßlöffel fein gehackte Petersilie, einen Eßlöffel Olivenöl, die gut verklopften Eier. Mit der Kartoffelmasse durchkneten. Flache Küchlein von zirka 6 cm Durchmesser daraus machen, in Mehl wenden und in reichlich heißem Olivenöl in der Pfanne goldbraun backen. Man kann die Kartoffelküchlein auch, wenn man sie beidseitig mit Olivenöl eingepinselt hat, auf dem Blech im heißen Ofen backen.

Knoblauchsauce

500 g Kartoffeln, in der Schale gekocht	50 g geriebene süße Mandeln
8 Knoblauchzehen, zerdrückt	Olivenöl
2 Scheiben Weißbrot ohne Rinde	1 Zitrone
	Salz, Pfeffer

Die Kartoffeln werden geschält und durchgetrieben, solange sie noch lauwarm sind. In einer Schale mischen mit: dem Knoblauch, den Mandeln, dem in Wasser eingeweichten, ausgedrückten und zerteilten Brot, dem Saft der Zitrone, Salz und Pfeffer. Dann erst langsam so viel Olivenöl einmischen, daß eine dicke Creme entsteht. Diese Knoblauchsauce kann als Beilage zu Fleisch und Fisch dienen, wird aber auch – mit Brotstücken aufgetunkt – als selbständige Speise gegessen.

Auberginen-Sauce

3 Auberginen	Petersilie
1 Zwiebel, gerieben	1 Zitrone
2 Knoblauchzehen, zerdrückt	Olivenöl
	Salz, Pfeffer

Die Auberginen werden im heißen Backofen auf einem Blech geröstet, bis sie weich und außen schon leicht angeschmort sind. Herausnehmen, etwas abkühlen lassen, halbieren und das Fleisch mit einem Löffel in eine Schüssel schaben. Einmischen: die Zwiebel, den Knoblauch, einen Eßlöffel gehackte Petersilie, den Saft der Zitrone, Salz und Pfeffer. Unter Drücken gründlich mischen. Es soll dabei eine einheitliche Paste entstehen. Dann langsam so viel Olivenöl einmischen, daß eine dickliche Sauce daraus wird. Man kann das Ganze auch im Mixer zubereiten, muß dann aber das Öl gleich zu Beginn zugeben – am besten erst eine kleinere Portion und nach und nach den Rest. Diese Sauce, die in Griechenland den Namen «Salat» trägt, wird mit Brotstücken aufgetunkt und kalt gegessen.

Gefüllte Muscheln

1 kg Muscheln, geputzt   Füllung wie für Dolmades
Bouillon   (Seite 139)
1 Zitrone

In einem geräumigen Topf zwei Deziliter Wasser zum Kochen bringen. Die Muscheln hineingeben, den Topf decken und so lange auf mittlerer Flamme lassen, bis die Muscheln sich geöffnet haben. Vorsichtig in ein Sieb geben und abtropfen lassen. Dann in jede Muschel eine Portion Füllung stopfen, die Muschel mit weißem Faden umwickeln und in eine flache Pfanne legen. Den Saft der Zitrone sowie so viel Bouillon einfüllen, daß die Muscheln zu einem Drittel darin stehen. Halb zugedeckt 30 Minuten auf kleiner Flamme leise kochen. Warm oder kalt servieren.

Fischsuppe Kalamaki

1 kg Meerfisch (möglichst   Petersilie
    verschiedene Arten)   Selleriekraut
8 Kartoffeln   1 Zitrone
2 Knoblauchzehen,   Olivenöl
    gehackt   Origano
2 Zwiebeln, geviertelt   Salz, Pfeffer
2 Karotten, gescheibelt

In den Suppentopf geben: Kartoffeln, Zwiebeln, Knoblauch, Karotten, vier Eßlöffel Olivenöl, einen Mokkalöffel Origano, die grob gehackte Sellerie und Petersilie, Salz, Pfeffer. Einen Liter Wasser einfüllen, zum Kochen bringen und 15 Minuten am leisen Kochen halten. Dann die geputzten und in Stücke geschnittenen Fische auflegen und so lange auf kleiner Flamme weiterkochen, bis Fische und Kartoffeln gar sind. Noch etwas frisches Olivenöl und Origano zugeben und servieren. Man ißt zuerst die Brühe mit Brot, dann erst Fische und Gemüse, mit Zitronensaft gewürzt.

Bohnensuppe

500 g weiße Bohnen, getrocknet	3 Tomaten, geschält, entkernt und gehackt
2 Zwiebeln, fein gehackt	2 Karotten, klein gewürfelt
4 Knoblauchzehen, zerdrückt	Olivenöl
	Basilikum
Selleriestengel, klein gehackt	Salz, Pfeffer

Die Bohnen werden über Nacht eingeweicht. Im Sieb abtropfen lassen, in den Suppentopf geben und beifügen: Zwiebeln, Knoblauch, Sellerie, Tomaten und Karotten, drei Eßlöffel Olivenöl, Salz und Pfeffer, anderthalb Liter Wasser. Zum Kochen bringen und zugedeckt auf kleiner Flamme stehenlassen, bis die Bohnen weich sind. Kurz vor dem Servieren reichlich Basilikum einrühren. Am besten schmeckt's mit frischem Basilikum, aus dem man im Mörser eine Paste gerieben hat. Man kann zu dieser Suppe vor dem Anrichten auch etwas Zitronensaft geben.

Tomatensuppe Makri

500 g Tomaten, vollreif	1 Handvoll Suppennudeln
1 ½ Liter Bouillon oder	Origano
Hühnerbouillon	Schwarzer Pfeffer aus der
Olivenöl	Mühle

Die Tomaten werden geviertelt und in ganz wenig Wasser in einer Saucenpfanne weichgedämpft. Durch ein Sieb in den Suppentopf streichen, mit der Bouillon und drei Eßlöffel Olivenöl verrühren und zum Kochen bringen. Nudeln einrühren, mit einem Mokkalöffel Origano würzen und so lange kochen lassen, bis die Nudeln gerade weich sind. Reichlich Pfeffer darübermahlen und mit frischem Brot servieren. Nach Wunsch etwas frisches Olivenöl zugeben.

Avgolimono – Hühnersuppe mit Zitronen

1 Suppenhuhn, oder zirka	Muskat
1 kg Hühnerstücke	4 Eier
200 g Reis (Karolina)	2 Zitronen
Butter	Salz, Pfeffer

Das geputzte Huhn oder die Hühnerstücke mit zwei Litern Wasser, Salz und Pfeffer aufstellen. Zum Kochen bringen und so lange leise kochen lassen, bis das Fleisch sehr weich geworden ist. Die Flüssigkeit in einen anderen Topf sieben, zum Kochen bringen, den Reis und 25 g Butter zugeben und so lange kochen, bis der Reis weich ist. In der Suppenschüssel mit dem Schneebesen die verklopften Eier, etwas Pfeffer und den Saft der Zitronen schaumig schlagen. Die Suppe mit etwas Muskat parfümieren und dann eine Kelle voll, unter ständigem Schlagen, in den Suppentopf geben. Noch eine zweite Kelle voll Suppe so behandeln, und dann unter Rühren den Rest der Suppe in die Schüssel gießen. Das Hühnerfleisch kann, klein gewürfelt, zur Suppe gegeben werden. Meist ißt man es aber mit Brot und Knoblauchsauce (Seite 141) als getrennten Gang.

Fisch vom Grill à la Kastoria

4 Fische (Süßwasser oder Meer)	Olivenöl
	Zitronen
Origano	Salz, Pfeffer

Für die Zubereitungsart benötigt man einen Holzkohlengrill, der ein möglichst flaches Bett von Kohlen aufweist. Als Fische eignen sich Regenbogenforellen, Makrelen und andere Arten, die beim Braten nicht zu weich werden.

Zunächst wird eine Marinade vorbereitet, die aus dem Saft von zwei Zitronen, Salz, Pfeffer und einem Kaffeelöffel Origano besteht. Gut mischen, mit sechs Eßlöffel Olivenöl verrühren und mindestens sechs Stunden ziehen lassen. Dann in eine flache Schüssel geben. Die geputzten Fische (falls tiefgekühlt, müssen sie zuvor auf Zimmertemperatur gebracht werden!) inwendig salzen und pfeffern, dann in der Marinade zwei Stunden liegenlassen; mehrmals wenden. Der Grill muß zum Braten eine gleichmäßige, nicht zu starke Glut aufweisen. Die Fische möglichst nahe an der Glut auf beiden Seiten rösten (zuvor gut abtropfen!). Die Marinade in einer Pfanne zum Kochen bringen, mit dem Schneebesen drei Minuten auf dem Feuer schaumig schlagen und dann über die auf heißen Tellern servierten Fische verteilen. Brot dazu reichen.

Gebackener Fisch à la Marina

1 großer Meerfisch, geputzt	Schwarze Oliven
2 Zwiebeln, dünn geschei-	Origano
belt	Weißwein
6 Tomaten, gescheibelt	Olivenöl
2 Zitronen	Salz, Pfeffer

Der Fisch wird inwendig gesalzen und gepfeffert. In eine feuerfeste flache Form gibt man eine Lage Zwiebel- und Tomatenscheiben, legt den Fisch darauf, bestreut ihn mit einem Teelöffel Origano und deckt ihn mit dem Rest Zwiebel- und Tomatenscheiben zu. Salzen und pfeffern. In die Form zwei Deziliter Weißwein und sechs Löffel Olivenöl füllen, zwei Eßlöffel schwarze Oliven um den Fisch verteilen. Im mittelheißen Ofen so lange braten, bis der Fisch gar ist. Mit einer halben Zitrone pro Person servieren.

Fischbällchen

300 g gekochter Meerfisch (Dorsch, Kabeljau)	Fenchelkraut oder Dill, gehackt
100 g Parmesan, gerieben	Zimtpulver
3 Eier	Weißbrot, altbacken
1 Zwiebel, gerieben	Paniermehl
2 Knoblauchzehen, zer-	Mehl
drückt	Olivenöl
1 Zitrone	Salz, Pfeffer
Petersilie	

Der Fisch wird mit dem Fleischwolf oder von Hand in kleine Flocken zerteilt. In eine Schüssel geben und mischen mit dem Käse, der Zwiebel und dem Knoblauch, einem Eßlöffel gehackter Petersilie, zwei Eßlöffel Mehl, Salz und

Pfeffer, einem Kaffeelöffel fein gehacktem Fenchelkraut oder Dill, einem Mokkalöffel Zimtpulver. Sechs Scheiben Weißbrot entrinden und in Wasser einweichen, ausdrücken und in die Schüssel geben. Die Eier verklopfen und in die Schüssel geben. Einen Eßlöffel Olivenöl zugeben und alles kräftig durchmischen. Falls zu naß zum Formen, etwas Paniermehl einrühren; falls zu trocken, etwas Wasser zugeben. Eine Viertelstunde stehen lassen. Dann kleine Bällchen daraus formen, in Paniermehl drehen und in Olivenöl in der Pfanne braunbraten. Mit Zitronenvierteln servieren.

Fleischbällchen

600 g Hackfleisch, halb Rind, halb Schwein (oder Lamm)	Zimtpulver
	25 g Pinienkerne
	Korinthen (1 Eßlöffel, in
Weißbrot	lauwarmem Wasser ge-
2 Zwiebeln, fein gehackt	weicht)
4 Knoblauchzehen, zer-	Mehl
drückt	Olivenöl
Petersilie	2 Zitronen
50 g Parmesan, gerieben	Weißwein
3 Eier	Salz, Pfeffer
Paniermehl	

Das Fleisch in eine Schüssel geben und gut auseinanderzupfen. Vermischen mit Zwiebeln, Knoblauch, einem Eßlöffel gehackter Petersilie, den Pinienkernen, den Korinthen, Parmesan, einem Teelöffel Zimtpulver, vier in Wasser eingeweichten und ausgedrückten Brotscheiben (ohne Rand), den verklopften Eiern, Salz und Pfeffer, einem Eßlöffel Mehl, einem Eßlöffel Olivenöl, etwas Weißwein. Wenn die Masse zum Formen zu trocken ist, Wein zugeben; ist sie zu naß,

Paniermehl einrühren. Eine Viertelstunde ruhen lassen. Dann Würstchen von Daumengröße daraus formen und in der Pfanne mit heißem Olivenöl braunbraten. Heiß oder kalt mit Zitronenhälften servieren.

Souvlakia – Spießlein

800 g Lamm- oder Schweinefleisch	Origano
	Olivenöl
1 Zwiebel, fein gehackt	Zitronen
2 Lorbeerblätter	Salz, Pfeffer
Petersilie	

Das Fleisch wird in Würfel von Nußgröße geschnitten. Aus Zwiebel, Lorbeerblättern, gehackter Petersilie, einem Teelöffel Origano, dem Saft einer Zitrone und reichlich Olivenöl eine Marinade rühren, das Fleisch hineingeben und unter öfterem Wenden zwei Stunden darin ziehen lassen. Dann das Fleisch auf kleine Metallspieße stecken und über einer gleichmäßigen Holzkohlenglut (oder in wenig Olivenöl in der Bratpfanne) braten. Mit Zitronen, Salz und Pfeffer servieren. Am besten schmeckt Souvlakia, wenn man von Brötchen an einem Ende eine Kappe abschneidet, das Innere aushöhlt, die Souvlakia-Stückchen hineingibt, mit Zitronensaft, Salz, Pfeffer, gehackter Petersilie, Origano und Olivenöl würzt und das Ganze wie ein Sandwich ißt.

Kotelettes mit Bohnen à la Kyria Archontis

4 Schweinskotelettes	4 Knoblauchzehen, ge-
1 kg grüne Bohnen, ge-	scheibelt
putzt und halbiert	Zimtpulver
6 Tomaten, geschält, ent-	Olivenöl
kernt und geviertelt	2 Zitronen
2 Zwiebeln, fein gehackt	Salz, Pfeffer

Die Kotelettes gut salzen und pfeffern, eine Stunde ziehen lassen. In einer großen Bratpfanne vier Eßlöffel Olivenöl erhitzen und die Kotelettes darin beidseitig gut anbraten. Zwiebeln und Knoblauch zugeben und anziehen lassen. Tomaten, wenig Salz, Pfeffer und einen Teelöffel Zimtpulver zugeben; auf kleiner Flamme so lange stehenlassen, bis das Fleisch durchgebraten ist. Nun zugeben: die Bohnen, drei Deziliter heißes Wasser, nötigenfalls noch etwas Salz. Auf mittlerer Flamme offen so lange kochen, bis die Bohnen weich sind. Das Wasser sollte in diesem Zeitpunkt verdunstet sein; falls es zu früh verdampft ist, löffelweise etwas Wasser zugeben, damit die Bohnen richtig durchgedämpft werden. Kurz vor dem Servieren den Saft einer halben Zitrone zugeben. Die anderen Zitronen achteln und als Beilage servieren.

Hühnerragout à la Monemvasia

1 Brathuhn	Petersilie, grob gehackt
2 Zwiebeln, fein gehackt	Weißwein
Selleriekraut, fein gehackt	Zimt
6 Tomaten, geschält, ent-	Olivenöl
kernt und gehackt	2 Zitronen
4 Knoblauchzehen, zer-	1 Gewürznelke
drückt	Salz, Pfeffer

Das Huhn wird geputzt und zerteilt. Man kann auch tief-gekühlte Hühnerteile verwenden, muß sie aber zuvor auf-tauen lassen. Jedes Stück mit Salz, Pfeffer und Zimtpulver einreiben. In einer geräumigen Kasserolle sechs Eßlöffel Oli-venöl heißmachen, die Hühnerstücke allseitig braun an-braten. Zugeben: Zwiebeln und Knoblauch; leicht anziehen lassen. Nun einrühren: Tomaten, Selleriekraut, Petersilie, wenig Salz, Pfeffer, einen Teelöffel Zimtpulver, den Saft einer Zitrone, die Nelke, drei Deziliter Weißwein. Zuge-deckt auf kleiner Flamme so lange leise kochen lassen, bis das Hühnerfleisch sehr zart geworden ist. Kurz vor dem Servieren noch etwas frisches Olivenöl zugeben. Mit Zitro-nenachteln auftischen.

Moussaká

8 Auberginen, geschält und gescheibelt	Paniermehl
	Zimtpulver
600 g Hackfleisch (halb Rind, halb Schwein)	100 g Parmesan, gerieben
	5 Deziliter weiße Sauce
2 Zwiebeln, fein gehackt	Muskat
4 Knoblauchzehen, zer-drückt	Butter
	Olivenöl
Petersilie, grob gehackt	Salz, Pfeffer
2 Tomaten, geschält, ent-kernt und gehackt	

Die Auberginen-Scheiben leicht salzen, in ein Sieb geben, beschweren und zwei Stunden lang Wasser ziehen lassen. Dann abtrocknen und in der Bratpfanne mit Olivenöl leicht anbräunen. Beiseitestellen und abkühlen lassen. Das Hack-fleisch gut zerzupfen und mit Olivenöl in der Bratpfanne allseitig anbräunen. Zwiebeln und Knoblauch zugeben, anziehen lassen. Dann einrühren: zwei Eßlöffel Petersilie, die Tomaten, einen Kaffeelöffel Zimtpulver, Salz und Pfeffer. Etwas Wasser dazugeben, eine halbe Stunde lang leise kochen. Nötigenfalls mit wenig Wasser verdünnen. Die weiße Sauce kräftig mit Muskat würzen und bereitstellen. Eine feuerfeste Auflaufform mit Olivenöl einreiben. Ein Viertel der Auberginen-Scheiben einlegen. Ein Drittel der Fleischmischung darauf verteilen. So fortfahren. Zuoberst müssen Auberginen-Scheiben sein! Die weiße Sauce eingießen und durch Schütteln auf die ganze Masse verteilen. Den Parmesan mit drei Eßlöffel Paniermehl mischen, auf die Moussaká streuen, mit Butterflöcklein belegen und das Ganze im Ofen bei nicht zu großer Hitze so lange backen, bis die Oberfläche schön goldbraun geworden ist.

Gefüllte Tomaten Kanaris

8 Tomaten, vollreif	Basilikum, zerdrückt
2 Zwiebeln, gerieben	Petersilie
1 Knoblauchzehe, zerdrückt	1 Ei
2 Tassen gekochter Reis	Olivenöl
25 g Pinienkerne	Salz, Pfeffer
1 Eßlöffel Korinthen, eingeweicht	

Von den Tomaten am Stielende eine Kappe abschneiden und beiseitelegen. Aushöhlen und mit folgender Füllung vollstopfen: Reis, Zwiebeln, Knoblauch, Pinienkerne, Korinthen, einen Eßlöffel gehackte Petersilie, einen Eßlöffel zerdrücktes frisches Basilikum, Pfeffer, Salz und das Ei gut miteinander mischen; ein paar Minuten ziehen lassen. Die Kappen auf die Tomaten setzen. In eine flache feuerfeste Form so viel Olivenöl geben, daß der Boden gut bedeckt ist.

Die Tomaten hineinstellen, das Ganze im höchstens mittelheißen Ofen so lange backen, bis die Füllung gar ist. Die
Tomaten müssen dabei sehr weich werden. Warm oder kalt
essen; vor dem Servieren noch etwas gehackte Petersilie aufstreuen.

Gefüllte Artischocken

8 Artischocken	Dillkraut, fein gehackt
1 Zwiebel, fein gehackt	(oder Estragon)
1 Knoblauchzehe, zerdrückt	1 Karotte, gerieben
Petersilie, fein gehackt	Olivenöl
Sellerieblätter, fein gehackt	Salz, Pfeffer

Von den Artischocken die Stiele und die Spitzen der ober-
sten Blätter abschneiden. Die Artischocken in leichtem Salzwasser so lange kochen, bis die äußersten Blätter weich sind.
Herausnehmen, zum Abtropfen umkehren und abkühlen
lassen. Dann mit einem Löffel die haarigen Teile aus dem
Innern entfernen. In einer Bratpfanne drei Eßlöffel Olivenöl geben, erhitzen. Zwiebel und Knoblauch darin unter
Rühren anziehen lassen. Karotte, Petersilie und Sellerie zugeben, salzen und pfeffern, zwei Eßlöffel Wasser einrühren
und zugedeckt auf kleiner Flamme 20 Minuten leise kochen
lassen. Vom Feuer nehmen, einen Eßlöffel gehacktes Dillkraut (oder einen Kaffeelöffel Estragon) einrühren. In die
Artischocken füllen. Die Artischocken in eine große Kasserolle stellen (Stielende nach unten), drei Eßlöffel Olivenöl
und drei Eßlöffel Wasser einfüllen, leicht salzen und pfeffern. Zum Kochen bringen und zugedeckt 30 Minuten auf
ganz kleiner Flamme lassen. Heiß oder kalt essen. Die Füllung der Artischocken ist keine Füllung im üblichen Sinn,
sondern soll nur ihren Duft mitteilen.

Grüne Bohnen à la Plaka

1 kg grüne Bohnen, geputzt	Petersilie, grob gehackt
500 g Tomaten, geschält,	Olivenöl
entkernt und gehackt	Muskat
1 Zwiebel, fein gehackt	Salz, Pfeffer
1 Knoblauchzehe, zerdrückt	

In einer großen Kasserolle sechs Eßlöffel Olivenöl heiß machen. Die Zwiebel darin anziehen lassen. Die Bohnen zugeben und unter ständigem Wenden leicht andünsten. Nun einmischen: Tomaten, Knoblauch, Petersilie, Salz, Pfeffer, einen halben Liter Wasser. Zum Kochen bringen und halb zugedeckt auf nicht zu großer Flamme so lange kochen, bis die Bohnen weich sind. Das Wasser soll bis dahin verdunstet sein. Etwas Muskat über die Bohnen verteilen und mit Brot servieren.

Honigbällchen

500 g Mehl	Cognac
Backpulver für 500 g Mehl	250 g Honig
1 Zitrone	Ausbackfett oder Olivenöl
Abgeriebene Rinde der	Zimtpulver
Zitrone	Salz

Mehl, Backpulver und Zitronenrinde in einer Schüssel mischen. Mit kaltem Wasser zu einem nicht zu dicken Teig verrühren und eine Viertelstunde stehenlassen. Inzwischen in einem großen Topf Fett oder Öl – am besten Olivenöl – heißmachen. Den Saft der halben Zitrone mit einem halben Deziliter Cognac und einer Prise Salz mischen und in den Teig rühren. Mit einem Löffel nußgroße Stücke ausstechen, in das heiße Fett geben (nicht zu viele auf einmal) und goldbraun backen. Sie sollen kugelförmig aufgehen; das Fett muß recht heiß sein! Die fertigen Bällchen auf Küchenpapier legen und warmhalten. In einer Saucenpfanne den Honig, den Saft der übrigen halben Zitrone, einen Kaffeelöffel Zimt, eine Prise Salz und etwas Wasser auf kleiner Flamme verrühren, so daß ein dicklicher Sirup entsteht. Den Sirup über die Bällchen verteilen und sofort servieren.

Kaffee Aphroditi

Fast so wichtig wie das Wasser ist in Griechenland der Kaffee – kaphes geschrieben. Er gehört so unentbehrlich zum griechischen Leben, daß in jeder Stadt Griechenlands alle paar Meter ein Kaffeehaus liegt, wo man ihn trinkt, und von wo man ihn vermittels Händeklatschens von einem Kind bringen läßt. Es gehört zum üblichen Anblick, daß junge Leute ein Tablett mit Kaffeetassen (und dem unvermeidlichen Glas Wasser pro Tasse) zielbewußt durch die Straßen tragen, und es ist nur bei ganz winzigen Geschäftsabschlüssen zu umgehen, daß man als Kunde zu einer Tasse Kaffee eingeladen wird, bevor man über die Transaktion spricht.
Richtigen griechischen Kaffee kann man auch in Westeuropa zubereiten. Es gibt seit Jahren schon jene gestielten Kaffeetöpfe zu kaufen, die ums ganze östliche Mittelmeer für die Kaffeebereitung dienen, und an kleinen Kaffeetässlein – Format Mokkatasse – ist auch kein Mangel. Am besten ersteht man einen Kaffeetopf, der etwa einen Viertelliter faßt. Der Kaffee selber muß kräftig geröstet sein und wird möglichst erst unmittelbar vor Gebrauch zu feinem Mehl gemahlen. Mit einer elektrischen Mühle bereitet das keine Schwierigkeiten. Viel besser aber schmeckt er, wenn er im Mörser zerstoßen wird!

In den Kaffeetopf gibt man kaltes Wasser und bringt es zum Kochen. Dann gibt man, ganz nach Geschmack, Zucker hinein und rührt, bis er sich gelöst hat. Nun erst kommt das Kaffeepulver – je ein Kaffeelöffel voll für jedes Täßlein. Wieder übers Feuer mit dem Topf, bis der Kaffee aufwallt und ein brauner Schaum aufsteigt. Der Schaum wird auf die Täßlein verteilt, und dann erst schenkt man langsam den Kaffee samt Satz ein. Griechischen Kaffee trinkt man langsam und in winzigen Schlücken, denn er ist kein Getränk, sondern ein Genuß!

Den Namen «Kaffee Aphroditi» trägt der Kaffee mit seiner Schaumkrone zu Recht. Denn war Aphroditi, die Liebesgöttin, nicht die Schaumgeborene?